오늘 같은 날

한점선 지음

오늘 같은 날

한점선 지음

작가의 말

한 남자의 아내로서, 아이들의 엄마로서
사회인으로서 아쉬움 없는 삶을 살아가고 있습니다.

그것은 무엇보다 남편의 영향력을 우선 꼽을 수 있습니다.
경제적 안정을 구축해 주었고
가족을 잘 살펴 주었기 때문입니다.

남편은 정원에 키가 큰 소나무를 심어 놓고 가꿀만큼
소나무를 사랑합니다.
그래서 나에게 소나무는 남편의 상징이기도 합니다.
사철 변함없는 올곧은 성격도 닮은 듯 합니다.

둘째 딸의 손을 빌려 책 표지 상단에 소나무를 그려 넣었고
그 아래 저의 소소한 일상을 그려 넣었습니다.
소나무 덕택에 저의 알찬 삶이 있음을 묘사하고 싶었습니다.

☆

차 례

작가의 말 ··· 05

1장. 텅 빈 들녘

동네 미용실 가는 날 ··· 12
텅 빈 들녘 ·· 16
생각에 대해 늘 생각해본다 ··································· 19
아는 만큼만 보인다 ··· 22
비행기 결항하다(1) ·· 24
성산포 가는 길(2) ··· 27
제주 시내에서의 마지막 밤을(3) ··························· 29
공항 가는 길목에서(4) ·· 31

2장. 첫 번째 계절

비의 예찬	34
첫 번째 계절, 안개 낀 아침	36
설날 아침	38
외로움이 스쳐 지나갈 때	40
봄	42
눈 내린 아침 풍경	44
두 번째 계절의 골목에서	46
포도주가 되어	48
어릴 적 봄은	49
아침형 인간	50
요즈음	53
그리움과 보고 싶음이 사무칠 때	54
글쓰기	56

3장. 나를 사랑한다는 것

새로운 도전	60
나다운 모습으로 살아가기	62
아모르 파티(Amor Fati)	64
벚꽃 지다	66
네 번째 계절	67
공허함	68
고양이 걷어차기	70
다섯 번째 계절 5월	74
책 읽는 방법	76
나를 사랑한다는 것	78
감정의 그릇	80
여섯 번째 계절 6월	82
위로와 깨달음	84
삶의 통증	86
여름의 길목에서	88
청춘을 향한 그리움	89
그리운 풍경	91
비와 커피	93

4장. 참 좋겠다 너는

고통의 기억 ···················· 96
비가 내린다 ···················· 98
살다 보면 ······················ 99
에릭 와이너의 '소크라테스 익스프레스'를 읽고 나서 ············ 101
여덟 번째 계절 8월 ················ 104
석류나무 아래에서 ················ 106
참 좋겠다. 너는 ·················· 108
한가로운 여름 저녁 ················ 110
하얀 구름 ······················ 113
소나무 ························ 114
낙관주의 ······················ 116
저녁의 마술사 ·················· 118
삶의 열정은 시들어 가고············ 120
늦여름의 무상함 ················ 122
고택의 잡초 ···················· 123
청춘의 낙엽 ···················· 125
처서가 지나가고 ················ 127
고독의 즐거움(1) ················ 128
고독의 즐거움(2) ················ 130
가을로 넘어가는 시점 ············· 132
아름다운 것들 ·················· 133

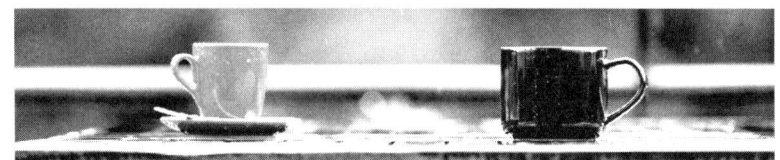

5장. 쓸쓸함에 대해

아홉 번째 계절 9월 ·············· 136
어느 가을날 ·············· 137
무상 ·············· 139
쓸쓸함에 대해 ·············· 140
늦여름의 아쉬움 ·············· 142
오늘 같은 날 ·············· 144
가끔은 ·············· 146
소박한 소원 하나 ·············· 148

6장. 행복해지는 연습

행복해지는 연습 ·············· 152
나의 여행은 어디로 가고 있는가 ·············· 154
인생의 단비 ·············· 156
이제 나는 사랑을 안다 ·············· 158
영원한 것은 없다 ·············· 160
밝고 알차게 웃는다 ·············· 162
인생 후반부의 썰매가 ·············· 164
애써 슬픈 미소를 짓고 있다 ·············· 166

1장

텅 빈 들녘

동네 미용실
가는 날

　가을은 유독 하늘이 푸르다. 아침부터 유리알처럼 파란 하늘을 고요히 보고 있자니 마음 한구석이 시려 온다. 온 산이 붉고 노랗게 물드는 동안, 내 마음에 숨겨둔 마지막 잎새를 꺼내본다. 그동안 쌓아둔 마지막 잎새는 몇 개쯤이나 될까? 내 나이 육십을 넘었으니 수십 개는 넘었을 것이다. 그런 탓인지 오늘따라 비애의 감정이 밀려왔다.

　그래서 미용실에 들러 머리 손질이라도 할까 싶어 막 샤워를 끝내고 축축한 머리를 말렸다. 그때, 핸드폰이 울렸다. 동네 미용실 원장에게서 걸려온 전화였다.

　"언니, 빨리 미용실로 오세요. 지금 손님이 없어요."

어제 미용실에 들러 파마와 염색을 하면 기분이 좋아질까 싶어 들렀는데, 손님이 만원이었다. 결국, 기다리다가 지쳐 집으로 돌아오고 말았다. 오늘도 미용실에 들렀다가 허탕을 칠까 싶어 연락한 미용실 원장의 마음 씀씀이가 예뻐서 입가에 미소가 번진다. 내가 하염없이 기다릴까 봐 미리 전화한 것이라고 했다. 집에서 오 분 거리에 있는 미용실은 동네 사람들에게 인기가 많다.

서둘러 재킷을 걸치고 가방 하나를 둘러메고 미용실로 달려갔다. 문을 열고 안으로 들어서자, 미용실 곳곳에 세월의 흔적들이 눈에 들어왔다. 원장의 손때 묻은 미용기구들이 잘 정돈된 곳이라 그런지 올 때마다 정감이 느껴졌다.

머리를 세팅한 할머니 한 분이 할아버지 밥 차려줘야 한다며 일어나셨고, 얼마 지나지 않아서 예약한 할머니 한 분이 문을 열고 들어오셨다. 이 정도의 손님이면 미용실은 한산했다.

미용실 원장의 별명은 '만사형통 스마일'이다. 매사에 긍정적이다. 손님이 많든 적든 정성껏 해 주는 통에 늘 미용실이 북적거렸다. 눈썰미가 좋은 원장은 손님들의 머리 스타일을 모두 꿰고 있었다. 어떻게 해달라는 주문을 하지 않고, 가만하고 있어도 된다. 만사형통 스마일 원장이 운영하는 미용실은 10년, 20년 단골손님들이 대부분이다. 나도 단골이 된 지 오래됐다.

그런데도 나는 일 년에 두 번 정도만 미용실에 간다. 결혼 후 항상 머리 모양은 변함없이 똑같았다. 뽀글거리는 파마와 염색을 겸해서 한다. 머리숱이 없는 탓에 이런저런 스타일을 바꿔볼 엄두를 내지 못했다. 그리고 다른 미용실보다 시술 비용이 훨씬 저렴하다. 20년도 넘게 한자리를 지키고 있는 미용실이기도 했다. 그런 이유로 미용실을 쉽게 옮길 수가 없었다. 무엇보다 파마를 말고 두건을 둘러쓰고 볼일을 봐도 될 만큼 우리 집과 가까운 거리에 있어 좋았다.

동네 미용실은 참 정겹다. 옛날 사랑방 같은 곳이다. 오며 가며 들러 동네 사람들의 이야기를 듣는 집합소가 됐다. 군것질을 들고 마실

오는 분도 많다. 그래서 미용실에 앉아 있으면 가가호호 주민들의 사정을 알게 된다. 누구네 집은 자식이 몇이고, 이번에 어디에 취직했고 연봉은 얼마고, 누구네의 자식은 몇 년째 공무원 시험을 보느라 고생이라는 말까지 듣는다. 명문대를 나와도 백수 생활을 많이 하는 요즘 청년들의 삶이 힘들다고 말하며 서로 안타까워한다.

나이가 들면 가면을 벗어던지고 덕담을 나눠야 한다. 설령 마음에 마지막 잎새가 수북하게 쌓였다고 하나, 마음의 동굴 속에서 구수한 고구마 한 보따리씩을 꺼내와 이웃들에게 나눠줄 넉넉한 인심은 갖고 있어야 한다. 모든 것을 내려놓는 지혜를 배우는 동네 미용실에서, 오늘도 나는 뽀글뽀글 파마머리를 하며 가을 하늘에 편지를 쓴다.

텅 빈
　　　　들녘

차를 타고 가을 길을 지나간다. 텅 빈 들녘이 눈에 들어온다.

몇 주 전까지만 해도 푸른 물을 머금었던 곡식들은 앞다투어 환호하듯 영글어 가고 있었다. 황금들녘의 물결이 넘실대던 모습이었는데, 눈 깜짝할 사이 추수가 끝나버렸다. 가을 들녘은 모든 것을 다 내어주고 제 할 일을 다 했다는 듯이 침묵의 시간을 갖기에 여념이 없다. 그 모습이 너무도 무심한 듯해 허망하기까지 하다. 텅 빈 들녘을 보고 있으면 우리의 인생과도 닮아있다는 생각이 든다.

아침저녁으로 초겨울 날씨가 느껴질만큼 찬 서리가 몇 차례 내렸다. 물들어 있던 낙엽은 메말라 바스락대며 바닥으로 떨어지고 있다. 길 위로 스쳐 지나가는 차바퀴에 스스스~ 가을이 깊어가는 소리가 감긴다.

오늘도 가을 하늘은 높고 파랗다. 어찌나 파란 지, 손가락으로 쿡 찌르면 금세 푸른 물이 주르르 쏟아질 듯하다. 스쳐 지나가는 하늘거리는 코스모스와 갈대가 나를 반긴다. 들국화의 애잔한 그리움이 진한 향기를 내뿜는다. 바람 끝에 쓸쓸함을 품고 있지만 그래서 가을은 누구나 시인의 감성에 휩싸이는지도 모른다. 나는 이번 가을도 몹시 외로움을 타는 중이다.

가을의 끝자락이다. 앞마당 화초들은 얼마 남지 않은 마지막 웃음소리를 낸다. 나비의 날갯짓 소리가, 풍월정의 풍경소리가, 오늘따라 그 모든 것들이 참 서글프고도 아름답게 느껴진다.

왜 이리도 마음이 허허로울까, 따뜻한 이불 속 같은 누군가의 마음이 그리워진다. 내 마음은 갈대보다 더 흔들리는 꿈을 꾼다. 황홀한 망상의 세계에 빠져 시간을 죽이기를 반복하기도 한다. 무슨 일이든 일어나길 바라는 허망한 꿈일 수도 있다. 작심하고 또 마음을 다독여 보지만 구멍이 숭숭 뚫린 가슴 안으로 따분한 일상이 들어찰 뿐이다.

오늘도 나는 긴 겨울로 가는 길 위에 서 있다.

생각에 대해
늘 생각해본다

    나는 생각을 많이 한다. 하루에 얼마나 많은 생각을 하게 될까? 이런저런 잡다한 생각부터 쓸데없는 생각까지 꼬리를 물고 늘어지기도 한다.

    '너는 생각을 하고 사니? 생각이 있는 거니 없는 거니?'

    이런 질문을 나에게 던지며 살아가고 있다. 이 순간에도 수만 가지를 생각한다.
    생각이란, 사전적 의미로는 사물을 헤아리고 판단하는 작용이다. 그리고 어떤 사람이나 일 따위에 대한 기억과 어떤 일을 하고 싶어하거나 관심을 가지는 일이기도 하다.

어느 날부턴가, 차츰 생각하는 힘을 키우기 위해 매일 일기를 쓴다거나, 에세이를 써보는 게 어떨까 싶어 고민했다. 무엇보다 내가 글을 쓰면 생각을 털어내는 일이기에 더없이 마음이 가벼워졌다. 돌이켜보니 글쓰기를 배운 경험이 없었다. 에세이(essay)는 일정한 형식을 따르지 않아도 되는 장르며, 일상생활에의 경험과 느낌을 붓가는 대로 쓰는 글이다. 그래서 선택하게 되었다.

돈이 많은 사람은 어려운 사람을 도와주면서 뿌듯함과 성취감을 얻을 수가 있을 것이다. 가난한 사람들은 좌절하지 않고 생각하는 힘을 키우면서 마음 부자가 될 수 있을 것이다. 생각은 얼마든지 돈을 들이지 않아도 힘을 키울 수 있을 테니까, 누구나 소유가 가능한 재산이다.

가끔 생각이 그림처럼 펼쳐질 때가 있다. 그것들을 꺼내 막상 글로 옮겨 적으려니 아무 생각도 나질 않아 안타까운 적도 있었다. 이어폰에 꽂듯이 뇌의 어느 부분에 연결만 하면, 생각하고 있던 모든 것들이 휴대전화로 전송되어 저장된다면 얼마나 좋을까 하는 얼토당토않은 공상을 했다. 당연히 불가능하겠지! 라며 말하기도 했다. 하지만 미래에는 가능한 일이 될 수 있을 것만 같았다. 인공지능 AI 챗GPT가 급변하게 발달하고 있으니 상상으로 끝날 일은 아닌 듯하다.

생각하는 힘이 세지면 어려움이 닥치거나 새로운 것에 도전해도 두려움이 사라지고 무슨 일이든지 자신감이 생기면서 삶의 의미를 찾을 수가 있을 것이다. 다른 사람에게 의존하지 않고 독립을 이루면서 어떤 어려운 일을 만나도 쉽게 해낼 수 있을 것이고. 그러기 위해서는 책 읽기와 에세이를 지속해서 쓸 것이다.

오늘이 있기에 더 좋은 내일이 있다는 생각은 분명 희망적이다. 그래서 오늘을 위해 긴장감을 늦추지 말아야 한다. 내 생각들을 매일 기록하면서 오늘은 어제의 나의 모습인 것처럼 후회없는 삶을 위해 계획을 세우기도 한다. 대충 살지 말아야 하는 이유는 일분일초 앞도 모르는 게 인생이 기다리고 있는 이유이기도 하다. 그래서 나는 오늘도 수없이 많은 생각을 하면서 하루를 마무리한다.

아는 만큼 보인다

아는 것이 병이다
모르는 게 약이다
딱 아는 만큼 보인다
그래서 아는 만큼 행동한다

    나는 아는 만큼 보이는 세상을 살아왔다. 그런 사실을 자각한 것은 그리 오래되지 않았다. 지난 나의 삶을 반추해보니 빈수레를 끌고 온 듯했다. 더구나 글쓰기를 할 거라고는 상상도 하지 않은 일이었다. 그저 단순하고 유희적인 것에 사로잡혀 있었던 시간이 부끄러울 따름이지만, 계속해서 글을 쓰고 있다. 일종의 일기체 형식을 빌려 쓰는 에세이다. 사실 생활 넋두리에 불과하지만 내게는 소중한 기록이 되고 있다.

'아는 만큼 보인다.'라고 하는 표현은 미술사학자 유홍준 교수의 저서 나의 문화유산 답사기에서 읽었다. 그 사실을 가슴에 깊게 새겨 넣으며 참으로 뿌듯해하며 지냈다. '아는 만큼 보인다' 즉, '알아야 참으로 보게 된다'라는 뜻을 조합해 한문을 만들면, 지즉위진간知則爲眞看이 된다. 아는 것이 많을수록 새로운 생각과 지혜도 많아지는 의미였다. 그래서 수첩에 적어 뒀다가 가끔 소리 내어 읽어 본다.

  지식이 많을수록 아는 것도 많아질 것이고, 보이는 게 훨씬 넓을 것이다. 여행하는 것도 미리 정보를 찾아서 간다면 아는 만큼 훨씬 더 즐길 수 있는 여행이 될 것이다. 글쓰기도 그렇다 아는 만큼 써진다. 그만큼 성숙해진 다음에 책을 보게 되면 이해하는 깊이도 달라질 것이고, 해서 현재의 나의 삶은 예전에 반해 훨씬 깊어졌다.
  앞으로 세상에 무한한 가능성을 열어 두고 관찰하고 배우려는 자세를 가져야 한다고 생각한다. 세상에 대해 많이 알수록 나에 대해 그만큼 많이 알게 되므로 좋은 방법이다.

  감동이 밀려오는 깊은 밤, 나는 창문을 열고 딱 아는 만큼만 하늘을 올려다보고 있다.

비행기
결항하다 (1)

2022년 한 해가 마무리되는 12월 마지막 주에 제주도 여행을 다녀왔다. 나는 비행기에 올라타면 한 시간가량 지나지 않아 완전한 다른 세상에 도착한다는 사실에 매우 설레어 여행에 대한 환상에 빠져들었다. 부드러운 울림과 감동적인 여행이 될 것이라는 확신 속에 제주 여행을 알차게 보내고 돌아왔다.

첫날은 국내 최대 방어생산지의 제주도 남 서부 대표적인 항구 모슬포에서 방어회를 먹었다. 오전 11시인데도 식당 안은 여행지라 그런지 가족끼리, 친구끼리, 연인끼리, 다양한 손님들로 꽉 차 있었다. 우리 일행은 적당한 곳에 자리를 잡아 요즘 제철인 방어회와 함께 향긋한 달콤함이 묻어나는 제주도 이야기와 눈이 흩날리는 창밖의 풍경을 감상했다.

    환상적인 분위기 때문인지 한층 즐거운 식사시간을 즐길 수 있었다. 긴장했던 의식을 버리고 영원히 그곳에서 살고 싶은 마음도 들었다. 열정적인 생명의 빛이 사라져 버린 지난날을 뜨거움을 더해 불을 내 뿜었던 제주는 너무나 아름다웠다. 깊은 바다에 모든 것을 내 던지고픈 생각이 들 정도로 1박 2일의 여행은 아름답게 시작되었다.

    숙소에 짐을 풀고 바다 산책을 나섰다.
    눈 내리는 모슬포의 밤은 아름다웠다. 희미한 가로등 불빛과 잿빛 지붕에 덮인 눈을 바라보며 오랜만에 마음의 붓을 들었다. 하늘에서 떨어지는 눈과 바다와 내 발자국을… 그리고 내 인생을 되돌아봤다. 몹시 감동적인 환상의 밤을 보낼 수 있었다.

    다음 날, 다른 여행지로 갈 준비를 하고 있을 때였다. 제주공항에서 결항 안내문자를 받았다. 강풍과 강설로 운항할 수 없다는 황당한 문자였다. 아무 생각을 할 수 없는 상황이었다. 날씨 때문에 제주도에 고립된 것이다.

빛이 없지만, 적막함이 점점 마음을 편안하게 만들었다. 쉬면서 마음을 추스르고 운명이라 받아들이면서 다음 여행지를 계획하는 시간을 가졌다.

인생에 완전히 새로운 경험은 소리 없이 이루어졌다. 어스름한 바다를 바라봤다. 민 저편에서 강풍과 폭풍을 만나 서세게 출렁였고, 흐릿한 우윳빛 가로등 불빛 사이로 종종걸음으로 걸어가는 사람들의 모습에 생소함을 느꼈던 시간은 추억이 되었다.

<u>잠시 눈을 감고 생각했다.</u>
<u>눈 내리는 이중섭거리가 보였다.</u>

풍경은 을씨년스럽지만, 화가의 고뇌와 가족에 대한 사랑이 느껴지는 그런 곳이었다. 눈이 쌓인 천지연 폭포도 돌아보았다. 숙소의 창 밖 풍경은 생동감 넘치는 먼바다의 성난 파도에 모든 것을 잊고 지냈다. 결항 되던 그 날의 밤은 과거의 모든 그림자를 지워버릴 정도로 눈부시고 환상적이었다. 피할 수 없으니 즐기자고 생각한 그 밤이 오랫동안 기억에 남았다.

성산포 가는 길 (2)

성산포 가는 길은 선물 같은 풍경이 펼쳐졌다. 우리 일행 모두를 흥분시켰다. 곳곳에 켜켜이 쌓인 눈과 눈꽃을 감상했으며, 엉금엉금 거북이 운전을 하면서 기쁨의 함성을 내지르기도 했다.

그리스인 조르바처럼 춤을 추자. 묶여 있던 끈을 잘라 버리고, 음악이 없는 춤을 추었다. 내 속을 채운 책과 가르침을 잠시 잊고, 낯선 길이어도 좋다. 미친 듯이 춤을 추자! 그런 마음으로 보냈다.

엄청난 흥분 속에서 성산포 날씨는 그야말로 우주의 모든 악조건을 다 갖추었음에도 경이롭고 아름다운 풍광을 보여줬다. 낯선 시간에 편승하여 펼쳐진 풍경들은 신의 몸짓이었고, 거대한 바다가 품어내는 자태는 환상의 하모니였다.

　행복한 시간을 가지려는 질주의 행동을 서슴없이 보여도 아무런 죄가 되지 않았다. 몸을 가눌 수 없을 만큼 세찬 바람이 일었고, 성난 파도의 무게를 공감하며 깊은 생각과 솔직한 감정으로 리셋하는 시간이었다.

　2022년 크리스마스를 제주도에서 보낸 것처럼 흥분되는 일이 또 어디 있으랴! 중요한 것은 느긋하게 마음을 내려놓고 시간과 공간을 초월한 눈으로 제주의 경치를 맘껏 즐겼기에 값진 추억을 담아올 수 있었다.

제주 시내에서의
마지막 밤을 (3)

성산포에서 브런치를 먹고 제주 시내에서 마지막 밤을 보내기로 했다. 공항이 가까운 제주 시내에다 숙소를 다시 정하고 렌터카를 반납했다.

제주 시내에서의 마지막 밤은 변덕스러운 날씨 때문에 일정이 수시로 바뀌었다. 계획적이고 순차적인 시간에 의해 만들어진 여행이 아니라, 급작스럽게 만들어진 프로그램대로 움직였기에 반짝이는 기억이 아닌 팥이 들지 않은 붕어빵을 먹은 것처럼 작은 아쉬움을 남겼다. 나만이 알고 있는 물건 속에 꼭꼭 숨겨둔 추억처럼 미련이 남았다.

그런데도, 제주 시내의 밤거리는 덮개처럼 하늘을 드리웠던 구름은 매력적이면서도 황홀할 만큼 큰 감동을 주었다. 마치, 느릿한 기차를 타는 느낌과 철로와 바퀴가 내는 덜컥거림을 떠올렸다. 그리고 아무 일도 일어나지 않았던 것처럼 비현실적인 환영으로 느껴지는 밤을 보내며 하늘을 올려다 봤다.

크리스마스 분위기는 한층 고조되었고, 유리창의 반짝임에 반사된 네온사인은 3일간의 무거운 몸을 잠시 들뜨게 했다. 아름다운 추억이 가득한 상자를 담아왔다. 내 여정의 마지막 남은 희망과 밤의 흐름에 몸을 맡기고 자연이 부르는 꿈의 향연으로 초대되었다.

우리가 보낸 제주도의 추억은 그래서 소중했다.

공항 가는 길목에서 (4)

계획에도 없었던 선물 같은 제주 3박 4일의 여행을 마무리하는 날이었다. 일찍 잠든 탓에 새벽에 일어나 샤워 후 일행들이 일어나길 기다렸다. 숙소에서 컵라면과 커피믹스 한잔으로 간단하게 이른 아침을 먹고 길을 나섰다.

코끝을 스치는 선선한 아침 공기는 우리들의 발걸음을 가볍게 만들었다. 공항 가는 길모퉁이 카페에 들러 비행기 시간을 기다리기로 했다. 여행객으로 보이는 사람들이 이른 아침부터 붐볐다. 카페에 들러 시간을 보낼 수 있는 것, 이 또한 여행의 특별한 순간들이었다.

인생이란 길은 곧게 뻗거나 선명하게 나타나지 않는다. 늘 갈림길에 서게 되고 잘못된 길로 가기도 한다. 거울에 반사된 것처럼 자신의 허울에 현혹되어 오던 길을 되돌아가기도 한다. '우리는 집을 지어봐야 건축가가 되고 악기를 연주해봐야 연주가가 된다.' 이와 마찬가지로 정의로운 행위를 해야만 정의로운 사람이 되고, 절제 있는 행위를 해야만 절제 있는 사람이 되며, 용감한 행동을 해야만 용감한 사람이 된다.

이 글을 니코마스 윤리학에서 읽었다. 이처럼 행복을 만들어내기 위한 실천은 용감한 행동으로 여행을 통해서도 가능하다. 다만 홀로 여행을 계획 해 보고, 실천해봐야만 용기 있는 사람으로 거듭날 수 있을 것이다. 그래서 다음 여행에서 실천해 보기로 했다.

결국, 비행기 결항으로 제주도여행은 1박 2일이 아닌, 3박 4일이 되었다. 공항에 일찍 도착해 긴 줄을 서서 기다린 덕에 일요일 김해공항 가는 표를 어렵게 구할 수 있었다. 홀가분한 마음으로 남은 여정을 보낼 수 있게 된 것에 깊이 감사했다.

2장

첫 번째 계절

비의   예찬

새벽에 들려오는 빗소리가 정답게 들려온다. 더 자세히 듣고 싶어 창문을 활짝 열어젖혔다.

빗소리가 참 좋다. 포근하고 사랑스럽게 내린다. 마음을 치유할 수 있도록 나만의 언어로 묶어 두고 싶다.

문득문득 스치며 지나가는 감정들과 타인의 시선에 갇힌 나를 구출하는 감정들이 비가 되어 사뿐사뿐 내린다. 참 이쁘게도 내린다. 대나무 잎에 사뿐히 내린다. 야릇한 냄새의 감각들은 달콤한 포도주와 같은 향긋하고 매혹적이다.

봄꽃 향기 속 알싸한 그 냄새가 코끝으로 파고들면 나의 가슴은 첫사랑처럼 부풀어 오른다.

비의 멋진 단어들을 주워 담아본다.
이슬비, 여우비, 가랑비
그리고 안개비와 보슬비

비를 바라보며 다양한 색으로 옷을 입혀 봤지만 이렇다할 색이 떠오르지 않는다. 이 또한 소유욕이 아닐까 싶어 그만 두었다.
비가 내리는 날이면 몽환적이고 비이성적인 상상력 덕분에 나는 몹시 마음이 설렌다.

오늘도 멍하니 비를 바라본다.
그리고 봄을 기다린다.

첫 번째 계절,
　　　　안개 낀 아침

　봄처럼 겨울 비가 내린다.
　안개가 자욱하게 피어오른 겨울아침은 꿈속처럼 아늑하다. 겨울 비는 바짝 마른 대지를 적셔주고 있다. 영혼의 목마름까지도 해갈이 되었는지 뾰족하게 날을 세워 불편했던 마음까지 어느새 촉촉하게 젖은 듯 차분하게 가라앉는다.

　안개 낀 아침은 신비로움 그 자체다.
　문득 오리무중이라는 단어가 떠오른다. 짙은 안개가 5리나 끼어 있어 일에 대한 방향이나 상황을 알 수 없다는 뜻이다. 한 치 앞도 보이지 않는 안개 속을 막상 들어가 보면 생각보다 잘 보인다. 우리는 두려움과 절망으로 안개 덮인 삶에서 조심조심 안개 속을 헤쳐 나가다 보면 안개 걷힌 맑은 하늘도 보이기 마련이다.

안개 끼었다고 너무 두려워하지 말자.
잘 보이지 않는 미래를
한 걸음 한 걸음 내딛다 보면
어느 순간 시원한 새로운 앞길이 펼쳐져 있을 것이다.

아름다운 풍경의 소중함을 알게 한 안개 낀 아침이다.

설날 아침

 설날 아침이다. 봄을 시샘하는 매서운 칼바람이 온 동네를 휘감았다. 며칠째 추위가 기승을 부린다.
 내 나이 육십을 넘겼다. 그래서 이번 설날은 더욱 특별하다. 올해 설부터 차례를 지내지 않기로 했다. 그런 탓에 서운함과 편안함이 교차하고 있다. 그런데도 마음은 허둥지둥 안팎을 돌아다닌다.

뜨끈한 떡국 한 그릇을 놓고 가족끼리 세배 인사와 덕담을 나눴다. 청주를 데워 한 잔 마신다. 한 살 나이를 더 보탠 의식을 치렀다.

<u>사라져 버린 옛것들이 그립다.</u>
<u>한복차림으로 삼삼오오 떼를 지어</u>
<u>좁은 골목골목을 누비며</u>
<u>세배하러 다니던 모습들이 새삼 그리워진다.</u>

윷놀이, 연날리기, 자치기, 구슬치기, 하는 아이들의 웃음소리가 가득했던 고향 마을이 그립다. 요즘은 아예 그런 풍경은 찾아볼 수가 없어 아쉽다. 어린 날의 내 추억들을 소환해보는 설날 아침이다.

외로움이
＿＿ 스쳐 지나갈 때

　설날 연휴가 계속 이어지고 있다. 시끌벅적한 가족의 온기가 썰물과 밀물처럼 밀려왔다가, 빠져나가 버린다.
　텅 빈 집에 홀로 남겨졌다. 애지중지한 자식들이 훌쩍 떠나버리고 나면, 지독한 외로움과 고독감이 가슴 속 깊이 자리 잡는다.

　'결혼은 미친 짓이야. 정말 그렇게 생각해. 이 좋은 세상을 두고 서로 구속해 안달이야.'
　스트레스 풀기 위해 노래방에서 참 많이도 불렀다. 그것도 아이들이 어렸을 때의 일화였다. 노랫말처럼 외롭지 않기 위해 결혼하는 것이 미친 짓이라면 미혼이면 외롭지 않을까, 정말 그렇지 않다는 것은, 살아보지 않으면 모를 일이다.

오히려 더 깊은 외로움을 가져다준다. 결혼에 대한 잘못된 신화 가운데 하나는 결혼하면 외롭지 않을 것이라는 환상이다.

사랑하는 가족과 함께 매일같이 부대끼며 가까이서 살 수는 없을까? 다 같이 모여 정겨운 식사와 함께, 커 가는 손주들 재롱과 시답잖은 일에 그저 깔깔 호호 웃어대고 오손도손 정말 그렇게 살고 싶다.

가족은 평생 간직될 감정 통로를 만드는 것이다. 인생의 틀을 완성하는 일이기도 하다. 지금껏 수많은 인간관계를 만들며 살았다.

<u>매번 순간 치밀어 오르는 감정을 다독여만 했다.</u>
<u>스스로 설득하며 다독여 보자.</u>
<u>몰려드는 모든 외로움까지도 말이다.</u>

봄

봄이 오려고 하면 흥얼거리면서 부르던 노래가 있다.

'저 건너 조붓한 오솔길에 봄이 찾아온다네.'
 봄 노래와 함께 젊은 베르테르의 편지를 읽는 느낌은 어떨까? 상상 속에 꿈을 키웠던 유년 시절이 새삼 그리워지는 날이다. 봄이라는 글자 속에는 수많은 추억이 서려 있다. 만남과 이별 고통 속에서 혹독한 겨울을 이겨내고 저만치 걸어오고 있다.

<u>봄, 왠지 설렌다.</u>
<u>희망이 느껴진다. 좋은 일이 있을 것만 같다.</u>

너로 인해 더욱더 아름답고 따뜻하게 맞이할 준비가 되어 있다. 어쩌면 사계절 내내 너를 기다리며 내 마음은 따뜻한 봄을 기다리고 있었나 보다.

　가끔 자신이 초라해지고 외롭다고 느껴질 때가 있다. 아무리 아름다운 꽃들과 풍경들이 눈앞에 펼쳐져 있어도 그저 하찮을 뿐이다. 새롭게 시작할 2023년의 봄은 맑고 깨끗한 마음으로 새로운 새싹을 피우게 하고, 그 새싹이 아름답고 예쁜 꽃으로 활짝 피어났으면 좋겠다.

　새로운 봄에 새로운 일을 도전하려고 한다.

눈 내린 아침 풍경

　새벽녘, 바스락거리는 소리에 무심코 창문을 열어보았다. 겨울 가뭄이 한동안 지속하더니, 봄을 재촉하는 단비가 내리기 시작했다. 빗소리를 들으며 깜박 잠이 들었다. 잠에 깨어나자마자, 창문을 열고 밖을 내다봤다.

　새벽에 내린 비가 눈으로 변해 소복이 쌓여 있었다. 뜻밖의 선물에 감동이 밀물처럼 밀려들었다. 보기 드문 풍경에 그저 할 말을 잃었다. 입춘도 지나고 정월 대보름도 지났건만, 봄의 길목에서 때아닌 소복이 쌓인 눈에 괜스레 설레는 아침이다.

어릴 적 기억엔 무릎까지 눈이 쌓이곤 했었는데, 내가 사는 곳에는 요즘 눈 구경하기가 힘들어졌다. 눈 많이 온 곳을 찾아가야만 구경을 할 수가 있게 되었다.

며칠 동안 세상을 향해 빗장을 지른 채, 생각에 잠겨 지냈다. 어느새 1월 한 달이 또 눈 깜짝할 새 지나가 버렸다. 놓쳐 버린 시간에 대한 분노는 빛이 없는 우주의 맑고 서늘한 적막함, 그 이상이었다.

머지않아 짙푸른 보리밭 사이로 싱그러운 봄바람과 함께, 노란 들꽃들이 소녀의 치마처럼 나풀거리며 조붓한 오솔길로 봄이 성큼성큼 우리 곁으로 다가올 것이다.

봄에는, 새로운 빛과 가락을 부여할 수 있는 경험들로 지성의 소유자로, 거듭날 것이다.

아무리 매섭다고 하나,
겨울은 새봄을 막을 수가 없다.
반듯이 자리를 내어줘야만 하는 운명에 맞닥트린다.

두 번째 계절의 길목에서

완연한 봄이다. 먼 산 아지랑이 열기에 취해 노랑나비 한 마리 나풀거린다. 아무 생각 없이 우두거니 앉아 창밖을 바라본다. 길고양이가 졸린 듯 몸을 구부리고 나무 아래에 앉아 있다.

노래하는 봄의 새싹들, 꽃 핀 나무와 노랑나비들, 그 노란 빛이 올해도 여전히 비슷해 보이지만 색깔과 향기는 다 다르다. 봄이 나직이 속삭인다. 너의 노래를, 사랑스러운 노래를, 하늘은 파랗고 나비는 황금빛으로 퍼덕이며 날아간다.

첫사랑처럼 두근두근 다가온 두 번째 계절 봄이,
언제나 당당하게 내 앞을 스쳐 지나간다.
절대 돌아오지 않을 것처럼 조용히 피고 진다.

포도주가 되어

'내가 한 송이 포도였더라면 너는 조용히 다가와 나를 소유하려고 한 송이의 포도를 붙잡았지. 나 역시 기꺼이 붉디붉은 포도주가 되어 달콤하게 너의 입안으로 들어가 온통 너의 몸속으로 파고 들어가고 싶었어. 그리고 너와 나는 포도주가 되어 디오니스 적인 사랑을 만들고 싶었지. 꿈같은 사랑의 동경 속에 길을 잃은 채. 아, 그 쓸쓸한 포도주의 향기에 얼마나 뜨겁게 타올랐던가!'

나는 가끔 와인을 마시며 노랫말처럼 연정을 노래한다.
그러다 보면 가슴으로 잊고 있었던 오랜 추억이 와인 잔에 잠기곤 한다. 그리고 그날 밤에는 정말 어린 소녀가 되어 꿈속을 거니는 행복도 누린다.

어릴 적 봄은

다소 거칠고 때 구정물이 줄줄 흘렀던 동네 꼬마 아이들, 골목골목 시간 가는 줄 몰랐다. 집집이 저녁연기 모락모락 피어날 때 모든 것이 부족하고, 나약하고 그래도 웃음소리는 맑았다.

그러나 요즈음, 이름 모를 풀벌레 윙윙거림에 잃어버렸던 기억들이 내 안에서 달그락달그락 심금을 울린다. 마음이 싸하게 아파져 온다. 매화, 수선화, 개나리… 온갖 봄꽃들로 화려한 아침의 시간이다. 어릴 적 아픔은, 모든 나약함과 부족함 속에서 벗어나기 위해 몸부림친다.

그 덕분에 어릴 적 동무들에게 가졌던 적개심 따위, 영원히 사라졌다. 순수하고 풋풋한 기억만이 남아 있다. 아련한 기억 속에서.

아침형 인간

나의 하루의 시작은 이른 아침부터 시작된다.

동쪽 하늘에 햇살이 퍼지기 전,
어둠을 털어내지 못한 정원을 돌아보는 일은
너무나 큰 행복을 준다.

농경 사회에서는 아침형 인간이 중요하다는 것은 대부분 사람은 잘 알고 있다. 그래야만 들과 산에서 농작물을 수확해 많은 식구들이 먹고 살 수 있었다. 꼭두새벽에 일어나 일을 해야 했다.

하지만 아침형 인간에 대해서는 입에 침이 마르도록 강조할 필요도 없을 것이다.

그것은 누구나 암묵적으로나 명시적으로 다 알고 있는 사실이기 때문이다.

그렇다고 아침형 인간으로 사는 게 건강한 생활형태라고 말하기도 쉽지 않다.

요즘은 밤에도 일하는 전문직종이 많으니 말이다.

아침형이든 저녁형이든 스스로의 컨디션 관리가 관건이다

의지가 약하거나 없는 사람에게는 전문가의 조언이 포함된 프로그램과 책도 무용지물이다.

상대방이 의지를 대신할 수는 없는 일이기 때문일 것이다.

세상 모든 일이 그렇듯이 쉬운 방법은 없다. 더욱 효과적인 방법이 있을 뿐이다.

어떤 원칙이든 스스로 만들어놓고 자신과의 약속을 지켜야 한다. 젊은 세대는 밤에도 잠들지 않을 만큼 즐길 거리가 세상에는 수두룩하다. 즐길 것이 넘쳐나는 젊은이들의 밤은 언제나 축제다. 하지만 자기의 절제와 원칙이 있어야, 밤 문화의 유혹을 뿌리칠 수 있을 것이다.

오늘날의 도시는 밤이 되어서야 활력이 넘치고, 오히려 아침이나 낮에는 차분한 기운으로 가라앉은 것 같다. 지나친 야행성, 불규칙한 생활 리듬, 수면 부족 등으로 개개인은 물론이고 사회적으로도 병리적인 현상이 날로 심각해져 가고 있다.

어김없이 찾아오는 후회와 자책감, 머릿속은 안개 낀 듯하여 종일 집중하지 못하고 있는 젊은이들을 만난다. 애써 현실을 외면한 채 악순환의 연속이 언제쯤 끝나게 될지, 참 안타까운 일이다.

절실함과 과감한 용기가 필요할 때 그들도 계획을 세우고, 충분한 수면이 모든 일의 시작이라고 생각하며 건강한 아침을 시작해 보는 게 어떨지…….

요즈음

　꿈은 한 송이 꽃이 되기도 한다. 감미로운 인간의 노래에 취한 듯한 꿀벌들의 비행, 멀리 골목길에서 바람 속에 들려오는 봄의 노랫소리, 이 모든 것들이 소중하고 언제나 변하지 않길 바라며 봄을 바라본다.

　풀밭 귀퉁이 노오란 민들레, 황금색으로 피어난 앵초들과 부드러운 구름의 움직임을 느끼며 실개천 가에 앉아 발을 담글 때면 가녀린 푸른 빛을 띤 나비처럼 사뿐사뿐 날아오르는 꿈을 꾸던 어린 시절을 본다. 공허함 속에서 외로움을 타고 있는 봄 한가운데 서 있다.

그리움과 보고 싶음이
사무칠 때

그리움이 가득한 날이다. 마음이 이토록 짠한 것은 둥지를 떠난 아이들이 그리워서다. 다들 제 할일 하느라 바쁘다. 연락을 자주 하기도 미안한 마음이 들어 마냥 그리움을 눌러 놓고 산다.

어느 날은 나도 모르게 그리움이 기승을 부린다.

오늘이 바로 그런 날이다.

밤새 눈처럼 하얗게 내린 서리 때문에 봄기운이 몹시 차다. 환영의 공간 속에서도 나의 갈망은 사무치도록 깊어만 갔다. 그래서 먼저 애들에게 전화를 걸어본다. 신호가 가는데 전화를 받질 않는다. 우주보다 거대한 가족의 세계가 내 안에 있다.

그들의 안녕을 빌며 하루를 시작한다.

앞마당에 핀 꽃들아,
봄소식 실어 달콤한 단비처럼,
내 마음을 아이들에게 전해다오!

완연한 봄이 시작됐다. 꽃을 바라보며 애들의 이름을 하나하나 불러본다. 빨간 장미꽃의 거침 없는 유혹이 곧 시작될 모양으로 새잎이 돋아나고 있다. 나의 기억 속의 그리움은 3월부터 시작된다. 담벼락에 기댄 채, 세월을 토해 내며, 아이들의 어린 시절을 추억해낸다.

따뜻하고 조용한 바람이 불어온다. 이웃집에서 저녁 짓는 굴뚝 연기는 작은 담을 넘어온다. 날이 어둑어둑해져 온다. 새들의 노랫소리, 어디론가 날아가 버리고 적막만이 나뒹굴고 있다.

글쓰기 ─────────

누군가 글을 한번 써보라고 제안을 했다. 나는 긴 한숨과 손사래를 치며 단번에 거절했다. 하지만 거듭된 설득으로 한 번 써보기로 했다. 처음에는 뭐부터 어떻게 시작해야 할지 난감했고, 글에 어떤 심상을 담아야 할지 어떻게 생각할지 구성조차 힘들어, 이런저런 생각에 잠을 설치기 일쑤였다.

글쓰기에는 소질도 전혀 없고, 관심도 없고, 무엇보다 독서량이 적었다. 기질과 소양도 부족했다. 그런데, J 교수님의 권유로 독서와 글쓰기를 시작한 지 올해로 5년이나 됐다.

<u>우선 다독을 했고,</u>
<u>마음에 드는 글귀는 차곡차곡 모아 기록했다.</u>

<u>제법 독서량이 늘었다.
그만큼 글쓰기 재료가 쌓인 셈이었다.</u>

글쓰기의 정답은 많이 써 보고 열심히 읽고 많이 생각하는 수밖에 없었다. 글은 아름다워야 하고 읽는 사람의 마음을 움직일 수 있어야 한다는 강박관념이 생기기 시작했다. 그런 이유로 글쓰기가 점점 어려워졌다. 물론 지금도 어렵고 두려운 건 마찬가지지만, 가끔 내가 써 놓은 글을 보고 감회에 젖는다.

글쓰기를 약도로 그린다고 생각해보자, 약도는 누구나 쉽게 그릴 수 있고 쉽게 알아볼 수도 있다.(『한국의 이공계는 글쓰기가 두렵다』, 임재춘) 그렇다 약도처럼 알기 쉽고 간결하게, 뿌옇게 눈앞을 흐리던 안개가 걷힌 듯 시원스럽게 가슴에 와 닿았다.

그래서 용기가 생겼다. 이제까지 글쓰기가 어려웠던 것은 글을 잘 쓰려고 하는 욕심이 앞선 탓이었다. 그리고 많은 시간과 노력이 필요하다. 평생 안고 가야 할 숙제라고 본다. 인생은 끊임없이 지속하는 배움의 시간이 내게 찾아온 것이다.

3장

나를 사랑한다는 것

새로운 도전

 새로운 것에 도전한다는 것은 항상 용기가 필요하다. 그런데도 낯설고 익숙하지 않은 것은 항상 두렵다. 한 번도 가 보지 않은 미지의 세계라면 더더욱 그렇다.

 최근 들어 영어회화에 도전장을 내밀었다. 영어 공부는 지난달 3월 초부터 시작하게 되었다. 독학으로 해 보려고 몇 번 시도해 보았지만, 번번이 실패였다. 그래서 전문가의 도움을 받고 기초부터 시작하니 힘이 났다.

 나로 산다는 것은 낯선 세계로 나아갈 때 내면의 목소리에 집중할 수 있었다. 내면의 목소리에 귀 기울여 보면 내가 무엇을 원하는가를 들을 수 있다.

현실에 안주하고 세월이 흐르는 대로 살고 싶다는 저항감이 들기도 했다. 이를 극복하기 위해 과감한 용기가 필요하다. 나를 이기는 방법을 고안해냈다.

진정으로 나의 삶을 변화하고 싶었고,
판에 박힌 낡은 삶을
새로운 것으로 채워가고 있다.

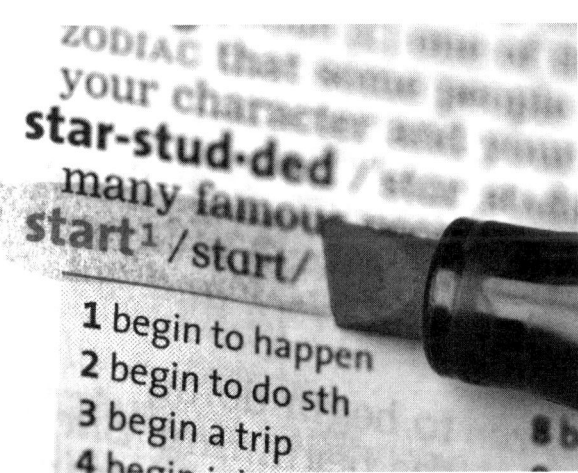

나다운 모습으로 살아가기

나답게 살려면 자신을 사랑하고 존중할 줄 알아야 한다.
타인과 비교하지도 말고 타인을 부러워하지도 말자.

지금까지 세상의 시선과 타인의 기대에 얽매여 살아왔다. 이제부터라도 나 다운 삶을 살아보려고 한다. 그래서 개성에 맞는 옷을 발견하고 원피스를 즐겨 입고 다니기 시작했다.

내 경우를 보면 원피스를 입으면 두 가지 면에서 편리했다.
첫째, 무슨 바지와 어떤 셔츠를 입어야 할지 고민을 안 해도 된다.
둘째, 허리와 배를 친절하게 가려준다.
선글라스(안경)는 언제부터인가 내 인생의 필수 항목이자 친구라고 할 수 있다. 이 친구 덕분에 두려움을 감추고 자신감을 챙긴다. 낯선 곳에선 특히 더 필요하게 되었다.

인생의 전환점에서 나의 발자취를 바라본 모습은 늘 불안을 느끼고 초조해하며 자신의 길을 망각한 채 나 다운 삶을 살지 못한 자신을 한심하게 느낄 때가 많았다.

자신을 하나의 프레임에 가두지 말고 다양한 모습의 나를 찾아 가보는데, 원피스가 한몫했다.

아모르 파티
Amor Fati

아모르 파티運命愛, Amor Fati는 니체의 용어로서, 필연적인 운명을 긍정하고 네 운명을 사랑하라. 아모르 파티는 니체 사상의 중심을 이루는 것 중 하나다.

니체의 운명에 대한 사랑은 삶에서 필연적으로 다가오는 모든 것을 아름답게 바라보는 태도이며, 자신의 운명을 있는 그대로 긍정하는 마음 자세다. 어차피 피할 수 없이 부딪혀야 할 운명이라면 그것을 견뎌야 할 뿐 아니라, 아름답게 바라보는 법을 배워야 한다.

나이가 들수록 인생 초반과 비교하면 삶에 대한 열정이 점점 식어가고 있다. 인생의 중반에서 무엇보다 열정을 쏟을 수 있는 대상을 찾는 것 또한 중요하다.

이전에 가졌던 열정은 온데간데없고 삶에 대한 의욕마저 사라지고 없다. 지나고 보면 어쩌면 위기와 곤경에 빠졌던 순간이 큰 축복을 받기 위한 과정 가운데 하나였다는 사실을 깨닫게 된다.

그런데도 운명의 여신은 항상 나에게 바람직한 모습을 적극적으로 꿈꾸는 사람에게 더 많은 선택권을 선사했다.

<u>   </u> '나는 아직 살아 있다.
<u>   </u> 나는 아직 생각하고 있다.'

니체의 글이 뇌리에 박힌다.

벚꽃 지다

떨어지는 벚꽃을 바라본다.
아쉬움을 뒤로 한 채 내년을 기약하는 듯 바람에 맥없이 꽃비가 되어 떨어진다.

지는 꽃은 욕망도 가라앉고 끝도 목적도 욕구도 없는 제 할 일을 다 한 듯하다.
마치 호수의 물결 같은 즐거움 뒤에 찾아든 얼어붙은 삶의 의지를 보인다. 봄바람 타고 분분하게 떨어지는 꽃잎들은 삶을 살아가는 인생의 한 드라마를 보는 것 같다.

네 번째 계절

4월, 전국적으로 단비가 내리고 있다.

잠자는 모든 생물 일깨워 준다. 우리가 불행한 이유는 아직 자기 자신의 춤추는 별을 찾지 못하고 있기 때문일지도 모른다. 누구에게나 자신만의 행운의 별을 하나쯤은 간직하고 있을 것이다.

'소망, 꿈, 목표.' 중년이라는 단어, 왠지 모르게 슬프다.

세상은 매 순간 끊임없이 변화한다. 변화의 흐름에 인간도 계속해서 변한다. 어제의 나와 오늘의 나는 같은 사람이 아니듯이 말이다.

내 안에 꿈틀대는 생명력, 내면의 목소리에 빗소리와 함께 가만히 귀 기울여 본다. 향기로운 커피 한잔, 즐거운 빗소리와 이 순간 가장 소중하다고 외쳐본다.

봄이 가고 있다.

공허함

　세월은 야속하게 흘러간다. 인생의 절반을 훌쩍 넘긴 지금, 세월을 되찾을 수 있다면 인생을 드라마틱하게 완벽하게 살아갈 수 있을 것 같다.

　인생이란 열차를 타고, 늘 뒤처지지 않기 위해 바삐 달려왔다. 그러나, 인생은 죽음을 향해 달려가고 있다. 청춘도 젊음도 돌려받을 수 없다. 현실의 한계를 인정하지 않을 수 없으며 꿈과 열정과 사랑은 모두 사라지고 텅 빈 마음뿐이라 오늘은 마음이 공허하다.

　내적 성장이 멈추어 버린 상태로 잠시 정지되어 버렸다. 주어진 삶을 받아들여야 할 때임에도 나뭇잎처럼 흔들린다. 모래시계의 모래알이 떨어지는 모습을 본다.

　주어진 시간이 얼마 남지 않았다는 생각을 한다. 삶의 모든 흔적은 추억으로 남겨진다. 지나간 추억을 곱씹는 나 자신을 종종 발견한다. 웬일인지 시간이 지날수록 추억은 더 선명해진다.

　밀려드는 추억은 나를 그 시간으로 초대한다. '사람은 추억을 먹고 산다'라는 말이 맞다. 눈부신 싱그런 5월, 창문을 열어젖히고 나 자신의 본 모습을 찾기 위해 쌓아둔 추억 더미를 넘겨본다.

고양이 걷어차기

'동쪽에서 뺨 맞고 서쪽 가서 화풀이한다.'

심리학에서 '고양이 걷어차기 효과'와 '화 던지기'라는 글을 읽었다. 자신의 분노를 자기보다 약한 자에게 푸는 것이다.

가정에서 아이는 부모에게 아무런 이유도 없이 화풀이 당할 때가 있다. 마음이 상한 아이는 잔뜩 풀이 죽어 집 밖을 나온다. 그때 하필 평소에 아끼고 예뻐하던 고양이에게 발이 걸려 넘어질 뻔했다. 마침 분풀이할 곳이 마땅찮았던 아이는 고양이를 걷어차며 영문도 모른 채 부모에게 받은 분노를 화풀이하게 된다.

이런 것을 '고양이 걸어차기 효과'라고 하는데, 고양이는 아이보다 약하기 때문에 아이의 분노가 고양이에 화풀이하게 되는 것이다. 동쪽에서 **뺨** 맞고 서쪽에서 화풀이하는 격이다. 그렇지만, 고양이에겐 죄가 없다.

우리 주변에서 벌어지는 참혹한 동물 학대, 사회를 향한 분별없는 분노들을 종종 매스컴을 통해 접하게 된다. 자신의 내면 분노를 제대로 해소하지 못하고, 적금처럼 쌓아두었다가 아무 연고도 없는 불특정인들에게로 향한다.

무서운 세상이다. 어떤 사람이 나에게 아무 이유 없이 화풀이한다면, 분노를 포용할 줄 아는 그릇이 되어 보자. 그러면 상대방은 너그럽게 받아주는 나를 보고 화를 가라앉히며 미안해하면서 죄책감을 느끼게 될 것이다.

그렇다고 상대방의 분노를 소화할 의무는 없는 것이다. 필요 없다면 떠나면 그만이다.(감정이 상처가 되기 전에, 층페이충에서)

엄마의 품 안에 안겨있는 어린아이처럼
철부지 소녀였을 때의 오월의 봄은
마치 끝나지 않을 것처럼 얼마나 길었던가.

다섯 번째 계절 ─── 5월

'당신에게서 꽃 내음이 나네요, 잠자는 나를 깨우고 가네요, 싱그런 잎사귀 돋아난 가시처럼 어쩌면 당신은 장미를 닮았네요.'

이맘때쯤이면 장미의 노랫말을 흥얼거리며 부르곤 한다. 동심으로 돌아가는 계절 오월이다. 계절의 여왕답게, 연초록빛의 가로수에 여리고 작은 영혼이 깨어나는 계절이 온 것이다. 소나무 숲 사이로 부는 바람과 지저귀는 새소리, 드높은 하늘은 푸른색을 띠고 구름은 고요하게 흘러간다.

이내 그리운 얼굴들이 보고파진다.
고요한 마음으로 따스함 속에 나직이 중얼거려 본다.

엄마의 품 안에 안겨있는 어린아이처럼 철부지 소녀였을 때의 오월의 봄은 마치 끝나지 않을 것처럼 얼마나 길었던가.

내 마음이 무얼 원했는지 결코 모르는 채 풍부한 감성을 지녔던 어린 날의 봄 같은 시절이 새삼 그리워진다.

봄이 있어서 가장 아름다운 것은
바로 여름을 기다리는 즐거움이다.
멋진 오월의 이름을 한 아름 주워 담으면서
노래를 한 소절 더 부른다.

책 읽는 방법

책 읽는데도 기술이 필요하다. 몇 해 전만 하더라도 책을 읽으면 3분도 못 되어 잠들기 일쑤였다. 어두운 촛불 아래 옛 선조들은 어떻게 하여 책을 읽을 수 있었을까?

책을 읽는다는 것은 저자와 대화를 할 수도 있고, 혼자 대화를 할 수도 있다. 읽는 즐거움은 크다. 책 읽기를 멀리하고 손쉬운 정보를 얻기 위해 인터넷 대중매체를 검색하는 일에만 열중한다면 독서에서 점점 멀어진다. 자신과 책에 대해 적극성을 가지고 독서수준에 의욕적으로 임해야 할 것이다.

독서의 제1수준

최초의 수준이며 보통 초등학교에서 학습하는 초급독서라고 할 수 있다. 읽기를 습득하기 위한 준비를 하는 시기다.

제2수준 : 점검 독서

책의 표면을 점검하고 이 책은 무엇에 대하여 쓰인 것인지, 구체적으로 어떻게 구성되어 있는지, 어떠한 종류의 책이며, 어떠한 부분으로 나뉠 수 있는가 하는 문제로 검토하는 것이다.

제3수준 : 분석 독서

맞붙은 책을 완전히 피가 되고 살이 될 때까지 철저하게 읽어내는 고도의 독서법이다.

제4수준 : 신토피칼 독서

신토피칼로 읽는다는 것은, 한 권뿐만 아니라 하나의 주제에 대하여 몇 권의 책을 서로 관련지어서 읽는 비교독서법이다. 연구 분야의 조사에서 모든 문헌을 사용하여 다각적으로 이해할 수 있도록 질문과 논점을 정리하고 논고를 분석하는 것이다.

나는 점점 책을 읽는 방법을 터득해갔다. 무심히 읽고 넘겨야 할 것들을 이제는 아는 만큼 읽히게 된다. 애써서 배울 만한 가치가 있는 지극히 유익한 독서 기술이다.

<u>나무만 보고 숲을 보지 못하는 어리석음을 저질러서는 안 될 것이다.</u>
— 『독서의 기술』 (모티머 J. 애들러 외 찰즈 밴 도런)

나를 사랑한다는 것

나를 사랑한다는 것, 그것은 남에게 보여주기 위한 게 아니다.

더구나 날 위해 돈을 물 쓰듯 쓰고, 맛있는 음식을 먹고, 명품가방을 사고, 외모를 꾸미는 것만이 나를 사랑하는 방법은 아니다.

이렇듯 소비를 통해 기쁨을 느끼지 못하고 고통을 느끼는데도 계속 물건을 산다면, 그건 자학행위나 다름없을 것이다.

옷장에 쌓인 옷과 줄어든 은행 잔고를 확인한다거나, 카드를 잘라버리고 싶은 마음이 든다면 그건 날 사랑하는 행동은 결코 아닐 것이다. 사람마다 개인 차이가 있기에 정답은 없다.

> 나를 사랑하는 방법,
> 내 몸이 원할 때 기꺼이 내 몸을 위해 들어주고,
> 내 마음에 뭔가가 필요할 때,
> 내 마음을 돌보는 것이야말로
> 날 사랑하는 올바른 방법일 것이다.

나는 불안한 마음을 없애고자 일과 마음의 양식을 위해 공부에 몰두했더니 보람차고 매 순간이 즐거웠다. 공부야말로 날 사랑하는 아주 좋은 방법이었다. 지금까지 나를 잘 돌보지 못한 적도 있었다. 사랑을 받아 본 경험은 안정적인 관계를 통해 만들어지는 것이다. 나의 하루하루가 밸런타인데이가 되기를 간절히 소망해본다.

감정의 ──────
────── 그릇

    오래전엔, 하루에 열두 번도 더 감정의 기복이 심했다.
    그래서인지 나는 감정을 잘 표현할 줄도 몰랐다.
    누군가의 감정을 받아주는 건 정말 대단한 능력이라고 생각했다.
먼저 다가와 친밀한 관계를 원한다면, 우선 나의 감정을 알아차리고
표현할 줄 알아야만 했다.

마음을 열어 감정을 보여 줘도, 상대방이 나의 감정을 이해해 주긴 커녕 알아주지 못한 경험을 해 본 적 누구나 있을 것이다. 나 또한 그러했다. 과감히 등을 돌리기 일쑤였다. 두 번 다시 안 만나면 그만이었으니까.

하지만 요즘의 나는 많이 달라졌다. 진실한 마음을 열어 보여준다면 친밀한 관계를 만들 기회가 생길 수도 있단 사실을 터득했다. 포용의 아름다움을 실천한 뒤로 많은 변화를 가져왔다. 불만을 이야기하고 억울함과 분노를 호소하고 울면서 하소연하며, 외로우면 함께하고 기쁠 땐 기쁜 소식을 나누기도 한다. 감정의 그릇을 함께 해 줄 수 있는 멘토가 필요하기에 사람들과 잘 어울려 산다.

좋은 감정이 쌓이다 보면 커다란 감정을 담는 그릇이 만들어진다. 곧 친밀감이 형성되며, 단점까지도 포용할 줄 아는 사람이 된다. 점점 변해가는 내 모습 지금 이대로도 충분히 만족한다. 과감하게 나를 낮추는 자세였기에 가능했던 일이었다.

여섯 번째 계절 _____
_____ 6월

꽃향기와 감미로운 새들의 날갯짓이 풍성한 계절이다.
지난해 이맘때 딸의 결혼식이 우리 집 정원에서 울려 퍼졌다.

　금빛 샘물이 흐르고, 장미꽃들이 흐드러지게 핀 정원에서 많은 사람들의 축복과 환호가 여전히 생생하게 울려 퍼진다. 정말 멋진 축제였다. 정원의 온갖 꽃들이 여기저기 흩어져 향기를 품어냈고, 유월의 신부는 눈이 부시도록 아름다웠다. 딸의 야외결혼식을 원했던 나는 너무나 만족스러웠다.

    딸은 정말 사랑스럽고 자랑스러웠었다. 모든 것이 아름다웠고 흡족했다. 내가 지내왔던 가장 충만한 유월이 아닌가 싶었다.

<u>   유월, 행복이 가득 물결치고 있다.</u>
<u>   들녘의 푸른 이파리들도 살랑거린다.</u>

    그 날의 감동들을 기억하고 있다는 듯 유월의 꽃들이 우리 집 마당에 가득 피어나고 있다.

위로와 —————
————— 깨달음

 아, 기분이 상쾌하고 좋은 날이다. 창을 열면 바람 소리와 새소리가 들려온다. 푸른 자연을 바라보고 있는 나는 모처럼 삶의 선물을 받은 기분에 젖는다.

 새소리 바람 소리가 활짝 핀 꽃봉오리 위로 풀썩 내려앉는다.
 산과 들에도 어머니 품속 같은 따뜻함이 내려앉더니 나무는 나무대로 꽃은 꽃대로 제 몫을 다하려고 분주하다.
 풍요로운 자연의 품 안에선 하루하루가 새롭게 시작된다.

자연의 미세한 변화 속에서
나는 인생이라는 여정을 걸어가고 있다.

내 몫을 다하기 위해
나도 나무와 꽃처럼 하루를 분주하게 보낸다.
자연은 우리가 돌아가야 할 고향이다.
오늘 맑고 향기롭게 하늘빛 너무나도 좋다.
점점 집은 나의 자화상이 되어 간다.

삶의 통증

누구나 아주 깊은 마음 한쪽에
통증 하나쯤은 가지고 살아간다.
저마다 각양각색의 수많은 통증이다.
힘든 세상을 살아내자면, 고난과 역경이 뒤따른다.
때로는 그 통증이 너무나 강력해
그 어떤 자극보다 아플 수가 있다.
그게 삶의 과정이다.

입술에 피멍이 들도록 깨물어 가며 통증을 견디는 사람도 있을 것이고, 그런 잔혹한 시간을 견뎌 왔을 나 또한 힘든 인생을 살아온 탓에 삶의 한 가닥은 피가 굳어 멍 자국으로 남아 있다.

이제는 모든 통증이 밤하늘에 빛나는 별이 되어 주변 사람들에게 희망의 빛으로 빛나기를 소망해본다. 통증을 겪어본 사람만이 더 간절하게 만끽할 수 있는 행복의 열매가 될 것이다.

산모의 고통은 새 생명이 태어난다는 신호이기도 하다. 그래서 그 통증 자체는 희망인 셈이다. 나는 모처럼 마음속의 모든 통증을 내려놓고, 오래간만에 마신 와인의 향기에 젖어있다. 달콤하고 부드러운 통증이 알싸하게 밀려온다.

여름의 길목에서

나는 비와 관련된 노래를 즐겨 부른다. 모처럼 비 노래를 듣다가 잠시 상념에 빠져들었다. 살다 보면 피할 수 없는 운명 같은 일들이 파노라마처럼 벌어지기도 한다. 부드러운 하얀도화지 위에 새로운 그림을 그리고 싶은 욕망이 꿈틀거리기 시작했다. 그런 날은 그림 속 풀처럼 꽃처럼 살고프다. 경이롭고 신비롭다는 말밖에는 더할 말이 없다. 두근거림과 쫄깃한 시간이 휘몰아친다.

고풍스러운 옛 건물 사이로 뜨거운 바람이 인다.
여름의 길목에 서 있다.
내 삶도 자연의 빛깔을 닮아간다.

청춘을 향한 그리움

삶의 두려움을 모르는 용기와 모험 그리고 열정.

청춘!
말만 들어도 가슴 설레고 풋풋하다.
때로는 스무 살의 청년보다 여든 살의 노인이 더 청춘일 수도 있다는 생각이 든다. 숫자상으로 나이가 늘어난다는 것이 늙는 게 아니다. 꿈과 이상을 잃어버릴 때 비로소 늙는다고 말할 수 있다.

어제는 회사 직원들과의 회식이 있었다. 사십 대 초반 친구들과의 시간을 보내는 일은 나에게 엄청난 에너지를 발산할 수 있는 유일한 시간이었다. 그래서 그들의 이야기에 귀를 열었다.

직원들의 이야기를 들으면서 나의 사십 대는 어땠었나? 잠시 생각해봤다. 내게도 아름다운 40대가 있었다. 아이들 키우고 집안 살림하느라 나의 꿈도 접고 젊음의 소중함도 깨닫지 못한 채 그저 평범한 엄마로 아내로 지냈다.

지금은 전문적인 학업도 이어가고 있고, 많은 사람과 교류를 하고 있다. 어느덧 세월은 흐르고, 살결에 주름이 만들어지고 나이를 먹어가고 있다. 그러다 열정을 잃어버리면 영혼에도 주름이 생길 것이다.

고개를 들고 하늘을 올려다본다. 낙관적인 마음으로 날아가는 시간을 꽉 붙잡았다. 비탄과 냉소적인 생각들로 가득했던 지난날을 비우고, 텅 비어 있던 가슴에 희망과 열정의 안테나를 심었다. 그러자 나에게도 젊음이 찾아들었다.

스무 살, 노인이라는 말이 있다. 스무 살 젊은이가 영이 사라지고 정신이 냉소적인 상태로 변하는 것, 몸은 비록 젊지만, 눈과 얼음으로 마음이 뒤덮인다면 노인과 다름없다는 의미다.
여든 살, 청춘이란 말이 있다. 여든 살 된 노인이 희망의 안테나를 받는 순간 청춘으로 되돌아간다. 낙관적인 마음의 파도를 붙잡는다면 누구나 가능하다.

그리운 풍경

낡은 앨범 속 그리운 풍경…

실바람에도 한 뼘씩 자라던 아이들을 앨범에서 발견한다. 문득 낯선 곳에서 주는 묘한 긴장감이 도는 추억 속이다.

나에게 주는 행복주유소 같은 길고도 먼 침묵이 떠돌아다닌다. 그 옛날 아름다운 곳은 끝도 없는 침대의 나락으로 떨어진다거나 기우뚱거리던 무력감이 휘몰아친다.

거울을 본다. 단단한 흉기로 자라나는 늙음이 얼굴 가득 보인다.

뇌 속에 불안의 짐짝을 만들고 있는 것인가. 나는 내 이름을 몇 번이고 부르며 켜켜이 쌓인 먼지를 털어낸다.

나를 위해 울어 줄 사람이 없다.
나는 정작 홀로 숨죽여 우는 방법에 익숙해지고 있다.
황혼의 가장 큰 적은 외로움이라고 생각한다.

정원의 만발한 꽃들의 황홀한 춤을 보며 넋 놓고 있다. 여름 향기는 점점 짙어져 가고 있다. 가끔 넋을 놓고 보게 되는 자연이 나에게 선물을 안겨준다.

잠시 행복해진다. 수려한 목단 꽃봉오리들이 앞다투어 피어난다. 그것들이 붉은 꽃잎을 펄럭이며 오롯이 나를 향해 손을 흔든다.

비와 　　커피

밤새 내리는 빗소리를 들었다.
정원의 나무와 꽃들이 좋아할 소리였다.

날이 밝아지자, 눈을 뜨고 자리에서 일어나 반사적으로 정원이 잘 보이는 곳으로 다가섰다. 정원이 한눈에 보이는 책상 앞에 가치 발까지 세웠다. 늘 같은 물건으로 둘러싸인 그 자리가 최고의 명당이다. 이런 날 커피가 빠지면 섭섭했다. 그래서 커피를 한 잔 들고 정원의 소리에 귀를 쫑긋하게 세웠다. 일명 커피 멍때리기를 하고 있다.

손바닥으로 커피잔의 온기가 전해져온다. 만족스러운 무게감 때문인지 손이 따뜻하게 데워지는 느낌이 든다.

　　컵을 입으로 가져가자, 커피가 부드럽게 입안에서 살아 움직인다. 컵의 가장자리에 입술이 닿는 느낌이 매우 좋았다. 신맛이 도는 커피의 맛을 느끼며 진한 향을 느낀다.

　　서늘한 바람이 창을 통해 들어오고 있다. 예상치 못한 전율이 온몸에서 피어난다. 이른 새벽, 빗소리를 들으며 커피 한잔을 하는 지금 너무나 고요하고 평화롭다. 참 좋은 날이다.

4장

참 좋겠다 너는

고통의 기억

언젠가는 반드시 아픈 기억은 지워져야만 살아갈 수 있다. 그래서 그 어떤 고통도 시간이 흐르면 옅어지게 마련이다.

나는 고통을 지우기 위해 나 자신을 마비시키는 행위를 시작했다. 예술과 금욕의 시간으로 숨어들었다. 그러다가 가장 깊은 심연에 묻어버린 나를 끌어내 그 고통의 답을 찾아보기로 했다.

와인과 음악, 그리고 삶을 사랑한 그리스 신의 이름을 따서 디오니소스적인 방식으로 반드시 고통의 아픈 기억을 아름다운 것으로 돌려놓고 싶었다.

> 내면 깊숙한 곳에 감춰놔야만 능사는 아닐 것이다.
> 헤아릴 수 없을 만큼 높은 곳에,
> 그게 어디든 평소 '나'라고 여긴 것보다
> 훨씬 높은 곳에 있어야 할 것들이었다.

그 모두가 시시포스일 수도 있었다. 신이 내린 형벌로 영원히 바위를 산꼭대기로 밀어 올렸다가 그 바위가 다시 굴러 내려가는 고통 속에 나는 살아가는지도 모른다.

나의 고통에 답을 해 보자. 삶이 행복해진다면 뭐라도 좋다. 그래서 나는 내 안에서 나를 불러냈다.
더 카포!

비가
　　　　　　내린다

> 빗소리가 들린다.
> 주룩주룩 툭, 툭툭 장단을 친다.
> 빗방울이 대나무숲을 흔든다.

　버스스스스… 대나무를 때리는 밤의 빗소리가 무척이나 정겹다. 여름 장맛비다. 하염없이 내 마음을 두드린다. 사랑의 비일 수도 있다. 아린 감정들이 불쑥불쑥 찾아든다. 내 마음에도 비가 내린다. 깊고 그윽한 향기를 내뿜는 비다. 강으로 흐르지 않고 바다로 흐르지 않고 온전히 나에게 스며든다. 이 비에 모든 것이 씻겨 내려갈 수만 있다면, 달의 숨소리마저도 창백한 울음이 되어 들려온다. 나는 천천히 이불 속으로 기어든다. 주룩주룩 툭, 툭툭…버스스스스… 잊었던 자유로움이 나의 머리를 두드리기 시작한다.

살다
보면

🕐

누구나 살다 보면 예기치 않는 일이 생길 때가 있다.

행운이 찾아올 때도 있을 것이고, 또 마음먹은 대로 되는 일이 없을 때도 허다하게 생길 것이다.

그러나 매일 반복되는 관습에 얽매이지 않고 다양한 시선을 가질 때 세상을 폭넓게 조망할 수 있게 된다.

살다 보면, 무한 반복과 반전을 꿈꾸는 통제 바깥에 있지만, 어차피 삶은 늘 현실에 농간을 부리게 된다. 그런 농간을 잘 활용해 보면 좋을 것이다.

살다 보면, 힘들고 아프고 지친 삶의 감정들은 해변에 밀려드는 파도처럼 밀려올 때도 많을 것이다.

살다 보면, 홀로 있을 때 느끼는 고독이 몸부림칠 때가 있다. 그런 경우에는 사람들이 붐비는 장소에 가면 만족스러운 일을 경험하게 될 것이다.

삶에 대한 사용설명서가 있다면 어떨까?

더우면 땀을 흘리고 추우면 몸을 떨며 굶주렸을 때는 극심한 배고픔을 느껴보자. 이러한 고통의 기쁨이 때로는 삶을 편안하게 해주며 스스로 거부함으로써 더욱 감사하게 되고 덜 얽매이게 된다.

<u>요즘의 웰빙은 간헐적 사치가 아니다.</u>
<u>삶의 아름다움을 곱씹어 보자.</u>
<u>너무 심각하게 생각하지 말자.</u>
<u>루소처럼 걷자!</u>
<u>지금껏 해 왔던 대로 계속 걸으면 된다.</u>

에릭 와이너의
'소크라테스 익스프레스'를 읽고 나서

🕐

훌륭한 사상가 열네 명이 제시한 삶을 에릭와이너는 기차여행을 통해 철학적 행복을 찾는 모험이 찾아왔다.

오전 7시 7분. 노스타코타의 어디쯤으로 출발한다.
역사상 가장 훌륭한 열네 명의 삶과 지혜가 인생을 개선하고자 하는데, 어떤 도움이 될지 답을 찾아 떠난다.

새벽에서 정오로 그리고 황혼까지 3부로 나누어져 오래된 철학자들의 경험을 통해 열네 명의 철학자들이 태어난 지역을 열차를 타고 이동하면서 이야기가 시작된다.

마르쿠스 아우렐리우스처럼 침대에서 나오는 법, 에피쿠로스처럼 즐기는 법, 루소처럼 걷고 소로처럼 보는 법, 니체처럼 후회하지 않는 법, 보부아르처럼 늙어가는 법, 몽테뉴처럼 죽는 법, 간디처럼 싸우고 공자처럼 친절을 베푸는 법, 소크라테스처럼 궁금해하는 법, 세이 쇼나곤처럼 작은 것에 감사 하는 법을 알게 됐다.

철학의 '철'자도 모르는 내게 한꺼번에 얼네 명의 철학자들과 기차 여행을 통해 만날 수 있다니 설렘으로 다가온 철학의 재미를 충분히 알게 한 책이다.

좋은 문장들이 쏟아져 나와서 일일이 손으로 직접 메모하느라 금방 읽어지지 않았다. 거의 정독 수준에 가까웠다.

책에 빠져 마구 쏟아져 나오는 문구가 나오면 메모장에 메모하다가 책과 함께 덮어두고 쉬었다가 다시 또 집어 들고를 반복하다 보니 앞의 내용이 가물가물 해지기도 한다. 읽고 싶은 책은 너무나 많은데 금방 완독이 잘 되지 않는다. 인생에서 많은 순간에 여러 철학자의 조언을 들을 수 있어서 다시 꼭 재독과 함께 권장할 만한 책이다.

에릭 와이너는 기차를 타고 가끔 버스도 타며 13살 된 사춘기 딸 소냐와 철학자를 만나는 길을 따라가다 보면 어느새 황혼에 이르게 된다.

늙어가는 것과 죽음에 관한 몽테뉴의 이야기를 출발에서 도착으로 기차여행은 막을 내리게 된다. 한 철학자를 깊게 파고들지 않고 여러 철학자를 만날 수 있어 지루하지 않아 좋고 나와 같은 인문 초보들에게 쉽게 접근하기 좋은 책이다.

읽는 동안 대답이 떠올라 터무니없지만 타당하고 현실보다 더 현실적인 말이 생각난다.

'더 카포' 처음부터 다시 한번, 읽는다면 책은 또 나에게 어떤 걸 알려줄까?

여덟 번째 계절
8월

🕐

맨드라미, 봉선화, 과꽃, 채송화… 이때쯤이면 작은 꽃밭에는 여름 꽃들이 수없이 어우러져 피어난다.

망가진 울타리 옆 뻗어 자란 해바라기는 굵고 높이 솟아 큼직하고 둥그런 꽃봉오리를 매달고 있다. 채송화꽃 잎들은 노랑, 빨강, 보라를 띠며 여름의 향기를 더하고 있다.

갈색으로 풍성하게 타오르는 듯, 만지면 톡 터질듯한 봉선화는 생기발랄한 소녀의 얼굴처럼 해사하다. 사랑을 갈망하는 듯한 향기를 내 품는다. 새초롬한 맨드라미 붉은 줄기 위에는 조용히 명상에 잠겨있는 듯, 먼 미래를 꿈꾸는 듯 서 있다.

어린 시절 들려오던 여름의 소리!
팔월의 계절엔 마당 한가운데를 수 놓는 잠자리,
찌는 듯한 태양과 흙냄새, 한없이 계속되는 매미 소리
그리고 들판에는 물결치는 이삭들의 살랑거리는 소리.

저녁 무렵에는 모기떼와 동네 아이들의 조잘대는 이야기 소리, 환하게 빛나던 어린 시절이 떠오른다.
나는 마치 시인이 된 듯 노래를 흥얼거려 본다.

석류나무
             아래에서

붉게 물든 석류나무 아래에 서 있다.
그 향기가 달콤하다.
그 옛날 어린 소녀로 돌아가고 있다.
마치 꿈을 꾸고 있는 듯 어린 시절에 홀로 서 있다.
나의 풍요로운 미지의 세계가 펼쳐지고 있다.

모든 세상이 나의 것인 양, 참으로 꿈 많은 소녀였다. 미지의 세계 앞에서 꿈은 당황하기도 했고, 멈칫거리기도 했다.

첫걸음을 떼지 못한 나의 꿈들은 늦은 나이에 조금씩 이뤄내려고 밤낮으로 학업에 매달리고 있다. 석류나무 아래에서 알알이 익어가는 붉은 열매를 올려다본다.

짙은 향기를 품은 채 더욱 농익어 갈 꿈을 꾸며 또 다른 세계를 갈망하며 불타오를지 기대가 된다.

풍성한 여름의 향기가 내 몸을 휘감는다.

참 좋겠다. _____
_____ 너는

🕐

    풀밭에 일렁이는 바람 소리, 어디선가 울려 퍼지는 귀뚜라미 울음소리, 그리고 굴뚝 연기 모락모락 저녁노을, 담장 너머로 들려오는 엄마의 목소리가 아득하니 멀어져간다.

    아름다운 것들을 한 주머니씩 가득 담아 두었다가, 지난 추억이 그리울 때마다 풀어본다.
    날마다 꽃들이 피어나고 따사로운 햇살에 마냥 기쁨의 미소를 짓는다. 언제나 내 주변에는 아름다운 것들이 넘쳐난다.

참 근사한 일이다.
햇살이, 바람이, 나비들이 맴돌며
구애를 해올 때
한낮 열기 속 꽃잎들은 움츠러들다가도 활짝 꽃을 피운다.

번져오는 세이지 향기처럼 나에게 주어진 자연의 선물은 대단한 위력을 지녔다.

짙은 하늘 위로 잠자리가 날아오른다.
그 모습을 멍하니 올려다보고 있으면 오래전 사라져버린 기억들이 다시 살아 움직인다.
그 기억들은 곱고 아름답다.

한가로운 여름 저녁

구름이 걸려있는 노을 진 하늘이 눈부시게 반짝인다. 한낮 더위는 서서히 밀려나고 드디어 밤이 오고 있다. 침묵 속에 거대한 밤하늘에 별이 뜨고 은하수는 넓게 펼쳐지고 있다.

요즘은 담벼락에 기대어 흐드러지게 피어오른 능소화가 활짝 폈다. 임금을 사모하던 여인이 병이 들어 죽은 다음, 길목에 묻어달라고 유언을 했는데, 그 무덤가에 능소화가 피었다고. 어찌나 젊고 아름다운 여인이었던지. 지기도 전에 땅에 뚝 떨어지는 꽃, 그 능소화가 온종일 툭툭 떨어지며 내 마음을 흔들어댔다.

 떨어진 그 꽃은 한낮의 태양 아래에서도 잠시 부드럽고 온화한 모습으로, 꽃물을 잠시 물고 있다가 이내 시들어 갔다. 금빛으로 물드는 저녁 무렵이 돼서야 능소화도 잠이 들었는지 조용하다.

 여름밤을 한가롭게 바라보면서 휴식의 시간을 갖는 것은 참으로 설레는 일이다. 모두를 감화시킬 능소화의 사랑 노래를 지어 부르며 조용히 하루를 접는다.

하얀 구름

　하늘에 구름이 흘러간다. 그 모습을 바라보며 하얀 구름이란 아름다운 노래를 나직하게 불러본다. 하얀 구름 끝에 걸린 바람이 멈추고 섰다. 몹시 날이 후덥지근한 날인데도 꽃향기와 감미로운 나비들의 날갯짓이 가득한 정원은 형형색색 고운 빛이다.
　가득 찬 술잔에 붉게 타오르는 노을을 담는다.
　넘칠 듯 찰랑대는 황금빛은 나를 상념에 젖어들게 한다.
　유년 시절의 풋풋한 내 모습을 떠올려본다.

창백한 하늘에 별이 뜬다.
술잔 속에 별이 쏟아진다.
남김없이 욕망을 비워버리려고 잔을 비운다.

　그렇게 하루가 또 지나간다. 비로소 나는 미소를 띤다.

소나무

'더워지면 꽃을 피우고 추워지면 잎 지거늘, 솔아, 너는 어찌 눈 서리를 모르느냐. 구천에 뿌리 곧은 줄을 글로 하여 아노라.'

소나무 하면 윤선도의 '오우가'가 떠오른다. 또한, 어디서나 흔하게 볼 수 있는 우리나라를 대표하는 나무이기도 하다. 혹독한 환경에서도 살아남으며 일 년 내내 푸르름을 유지한다. 또한, 수명이 길어 장수와 절개의 상징으로도 여겨진다.

우리 집 정원에는 눈에 띄게 잘 정돈된 소나무가 당당한 모습을 유지하고 있다. 지천으로 깔린 게 소나무인데 굳이 왜 비싼 경비를 들여가며 집 마당에 소나무를 심어야 하는지에 대한 반감이 심했었다. 사실 나는 적대감으로 소나무를 바라보던 때가 있었다.

일 년에 두 번씩 전문가의 손에 의해 병해충으로 인한 보호와 영양 공급을 해야 하고, 가지 사이에 소나무 낙엽이 쌓이면 통풍이 어려웠기에, 다듬지 않으면 멋진 소나무가 될 수가 없었다.

그 소나무는 몇십 년 동안 인위적인 손질이 필요했다. 그 덕분에 내 반려목이 되었다.

<u>소나무 사이로 햇살이 들어온다.</u>
<u>그처럼 화려한 짙푸른 초록은 본 적이 없다.</u>
<u>절개가 있으며 부드러운 위엄을 보이며</u>
<u>소나무는 언젠가부터 정원의 터줏대감이 됐다.</u>

모진 비바람 속에서도 꿋꿋하게 송진을 내뿜으면서 마치 강인한 힘을 가진 젊은이처럼 자라났다. 누군가의 기념비 같다는 생각도 든다. 깊은 생각에 잠긴 듯, 자신 속에 본연의 모습을 숨기고 서 있는 듯, 독특한 모습으로 서 있는 나의 반려목 소나무는 내 인생의 좌우명을 달고 있다.

낙관주의

　인터넷을 검색하다가 '인생의 긍정적인 생각과 미래에 대한 목표를 이루고자 만족감과 즐거움을 높이고 난관에 부딪쳐도 용기와 희망을 잃지 않는다.'는 글을 만나게 됐다.

　건강하고 씩씩함, 생각 없는 낙관주의, 모든 심각한 문제 따위는 비웃으며 거부하라는 뜻을 품고 있었다. 공격적으로 던지는 나의 질문에, 당당하게 거부할 줄도 알고 순간을 즐기면서 살아가는 기술을 터득하는 방법을 스스로 알아 갔다.

사람들은 매번 빛나는 꽃들로 치장을 하려 한다. 나 역시도 한때 그랬다. 믿기 어려울 정도로 행복해하면서 활짝 웃으려고 애썼다. 양면성과 이중성을 가진 행동이었다.

그 모든 것들은 환상이라는 사실을 알게 됐다. 어리석은 행동이라는 것을 자각했고, 책장에 꽂힌 철학자들의 이야기에 귀를 쫑긋 세웠다. 그러자, 지혜의 샘이 흘러넘치기 시작했다.

<u>경이로운 생명력이 차고 넘치는 경험도 했다.
그래서 삼복에도 책을 읽으며 더위를 다스린다.</u>

저녁의 마술사

황금 같은 여름이 짧게 날갯짓하며 지나가고 있다.
이글거리며 작렬하던 태양은 매일 아침 떠오른다.
인생이 너무나 짧아 보인다.
어쨌거나 여덟 번째 계절은 막바지에 이르렀다.

시꺼멓게 뒤엉킨 구름 속에서 다시 한번 태양이 불쑥 모습을 드러내 대기를 뜨겁게 데운다. 어느덧 소나기가 쏟아져 내리기 시작한다. 비는 무겁게 채찍을 하며 앞마당 소나무들을 후려친다. 그러자 소나무가 파르르 떨며 푸른 녹음을 뚝뚝 떨어뜨린다.

천둥소리가 우르르 쾅쾅 요란하게 허공을 선회한다.

마치 나 들으라고 하는 소리 같다. 그래서 평상에 둘러앉아 모깃불 연기 속에서 이야기꽃을 피우던 추억에 젖어들었다. 동네 어른들과 아이들이 모여 도란도란 이야기를 나눴던 그 어린 날의 내 모습은 너무나도 아득하게 느껴진다. 하지만 사색의 시간을 갖는 일은 고독과 그리움에서 벗어나 여름의 향기에 취해 보는 소중한 시간이 된다.

저녁의 마술사가 온 세상을 금빛 색깔로 물들이기 시작했다. 변화무쌍한 일기변화에도 무심히도 하루가 훅 지나간다. 구름이 걷히고 말간 하늘 위로 달이 떴다. 여름의 낮과 밤은 놀랍도록 경이롭다. 그런 현상을 실컷 즐기기로 했다. 곧 서늘한 바람이 이마 위를 쓰다듬으며 잠시 더위를 식혀 준다.

삶의 열정은
　　　　시들어 가고

　삶의 온갖 열정과 고난 그리고 매력을 발산하던 시간은 주마등처럼 스치고 지나간다. 내 인생은 마라톤 급이었다. 맹렬하게 달리다가도 쉬었다가 달리고를 반복했다. 미친 듯 질주하다가도 느슨해지는 순간이 오면 지친 영혼의 먼지를 씻어 내기 위해 나는 몸을 풀고 눕는다.

　한낮의 열기도 점점 수그러진다. 태양은 더 낮게 가라앉기 위해 자연에 순응하려는지 가을빛을 품고 있다. 세상과의 타협점을 찾지 못하고 만족스럽지 못 하는 일이 벌어지면 나는 희미하게 시들어 가는 내 삶과 마주하게 된다.

그래서 열정에 채울 젊은 기운을 상상하곤 한다. 평소엔 그다지 열정적으로 무엇인가를 소유하고자 하는 마음이 없었다. 쉽게 포기하거나 그것에서 쉽게 벗어나기 일쑤였다.

그러던 어느 날부터인가. 나를 비웃었던 것들을 꽉 붙들고 싶은 열정에 사로잡혔다. 그러다가 요즘엔 연필과 독서 노트를 쥐고 이런저런 것들의 흔적을 남기려고 무진장 애를 쓰고 있다.

소나무 가지 위에 송골송골 맺힌 아침이슬을 그려본다거나, 먼 산에 감도는 유리 빛 같은 색채들을 표현했다. 정원에서 모은 잎사귀들을 책갈피에 끼워 놓고 아름다운 시어를 심기도 한다. 그것들이 곧 보석처럼 빛나게 될 날을 꿈꾸면서 잠이 든다.

늦여름의 무상함

🕐

여름이 시들기 전에 정원의 나무와 꽃들을 둘러보아야 한다. 무성하게 자란 잡초들과의 대화도 필요하다.

그래서 여름 몇 달 동안은 취미를 놓아 버리고 정원 돌보기에 열을 올렸다. 뜨거운 열기로 꽃들은 지쳐 가고 있다. 그런데도 가을 국화와 상사화, 꽃무릇은 꽃을 피우기 위해 잘박하게 꽃물을 끌어 올릴 시간이 오고 있다.

나의 머릿속이 텅 비어 있다. 며칠 동안 무상함의 소리가 들려온 탓이다. 바람은 서늘하게 불어와 내 피부에서 열기를 빨아들인다. 곧 가을이 오려나 보다.

고택의
　　　　　잡초

　　오래되어 무너질 듯한 담벼락 사이에서 이끼들과 이름 모를 식물들이 울타리를 감싸며 알싸한 가을 향기를 내 뿜는다. 들풀 사이로 꽃은 피어 있고, 고택의 잡초 사이에도 꽃이 피고 있다.

누가 왔다 갔을까?
누가 나를 기억이나 하고 있을까?

아무도 모르게 가을이 왔던 게 분명하다. 지빠귀 울음소리도 뻐꾸기 울음소리도 사라졌다. 고택에 있었던 여름밤의 축제까지도 점점 빛을 잃어간다.

산 위에 떠 있는 보름달을 누군가는 보았으리라.
누군가는 즐겼으리라.

녹슨 빗장 뒤에는 속삭이던 노래와 전설만이 잠들어 있을 것이다.
고택의 문이 지키고 있으니 아무도 감히 비밀을 열지 못하리라.
너와 나에 대해서도 곧 아무도 모르고 얘기하지도 않으리라.
모든 것은 이미 흔적 없이 사라졌건만.
고택의 잡초만이 알고 있으리라.

청춘의
낙엽

내 청춘도 쏜 화살처럼 지나갔다. 어제까지도 건강했던 친구가 갑자기 병치레를 하고 있다는 소식을 전해들을 때마다 가슴이 내려앉는다. 그들은 병을 이기고 자리를 털고 일어나도 예전같지 않고 나이들어가고 있음을 느끼게 될 것이다. 얼굴에 잔주름이 늘어가고 몸 구석구석마다 풍화작용의 흔적들이 남는다.

나는 오늘도 멈출 수 없는 시계바늘에 승차한 내 젊음을 소환하기 위해 가뿐한 발걸음으로 산책길에 나섰다. 미소를 지으면서도 불안한 채 덧없는 것에 집착하고 위안을 찾으려 한다. 창밖으로 보이는 숲은 더이상 어제의 푸르름을 지니지 않고 있다. 푸르렀던 낙엽은 노랗게 물들기 시작하고 포도알은 푸른색과 붉은색으로 변해가고 있다.

청춘들은 노래 부르며 다음에 뜨는 보름달을 또 즐기기 위한 몸부림처럼 보인다. 밤송이들이 떨어지기를, 포도송이들이 익어가기를, 아직 우리 앞에는 좋은 일들이 많이 있다.

눈 깜빡할 사이에 늙게 되리라.
지친 몸을 먼지에 싸인 채
퇴색한 모습을 들여다보게 되리라.

<u>　　　　소심한 바람이 지나가고 하늘은 붉게 타오른다.
　　　　　　　　　　사라져가는 청춘과 함께</u>

처서가
지나가고

아침저녁으로 선선한 기운이 느껴진다. 처서가 되면 입 돌아간 모기의 극성도 한풀 꺾이게 되고, 귀뚜라미가 하나둘씩 나오기 시작한다. 더위가 물러가는 처서도 지났다. 그런데도 늦여름의 극성은 지칠 줄 모르는 듯하다.

늦여름의 투쟁은 거센 저항과도 같다. 주변을 정리해 가며 방어하는 것이 처절하기까지 하다. 달도 없는 깊은 어둠 속에서 부드러운 풍경의 모습을 읽는 동안, 사방에서 열기가 느껴진다.

한여름으로부터 초가을로 넘어가는 며칠 동안은 헐벗은 겨울 산에 걸린 시린 삶이 그리워진다. 모든 꽃은 열매를 맺기 위해 몸부림을 치고 있다. 길가에 가로수마저도 가을에 맞서 저항할 채비를 하는 듯하다. 계절이 점점 가을로 기울어 가는 게 느껴진다.

고독의
즐거움(1)

　고독은 사전적 의미로는 혼자 있어 쓸쓸한 상태를 말하며, 다른 한 편 창의성의 원천으로 여겨지기도 한다. 위인들은 고독 속에서 위대한 성취를 한 경우가 많았다. 심리학에서도 고독의 가치가 활발하게 연구되고 있다.

　빈센트 반 고흐도 '고독은 용기를 잃게 하는 것이 아니라 오히려 자신을 위해 필요한 활동을 창조하게 만드는 힘을 준다.'라고 말했다.

　고독은 삶의 방식으로 여겨지며 마음을 즐거움으로 가득 채우는 더없는 행복이기도 하다.

> 작은 방 안에 숨어 욕망에 빠진 사람은,
> 고독으로부터 아주 먼 곳에 있으며
> 어둡고 조용한 동굴 안에 숨어 있어야만
> 안전하다고 느낀다.

진정한 자기 이해의 공간, 자기 안에서 유토피아를 찾는 방법은 방해 없는 혼자만의 영혼의 집을 마련하는 일이다. 고독을 위한 은신처로 오로지 나만을 위한, 완전히 외떨어진 방을 마련해 두어야 한다.

진정한 고독의 행복과 자유를 누릴 수 있을 것이다.
우리는 늘 고독의 사슬을 끌고 다닌다.

고독의 유일한 목적이 홀로 좀 더 느긋하고 편안하게 대중의 관습에서 멀어져야 한다. 세상에서 가장 훌륭한 일은 나 혼자만의 사는 법을 아는 것이다. 모든 걸 던져 버리고 숲속에서 고독을 사랑하며 살고 싶다.(『고독한 나에게』스티븐 배철러)

고독의 즐거움(2)

고독은 단순히 혼자 있는 것을 뜻하지 않는다.
고독 안에서 지루함으로 웅크리고 앉은 나를 발견할까 봐
염려하지는 말자.

    고독은 여유 있는 소수만이 누리는 사치가 아니며, 스위치처럼 마음대로 켰다 껐다 할 수 있는 것도 아니다. 잠이 오지 않는 밤이면 또 다른 사색의 즐거움이 있다. 꿈에서 깨어나면 우울한 현실에 갇힌 사람이 고향을 그리워하는 마음으로 고독이 주는 만족감을 발견하기도 한다.

    고독을 위해 할 수 있는 가장 좋은 일은 고삐 풀린 망아지처럼 질서나 계획 없이 자유 속에 내버려 두고, 관심이 내면으로 향하게 하고

모든 걸 내려놓아 편안히 자리 잡도록 하는 것이다.

고독이야말로
시야를 넓히고
혼자만의 사는 법을 알아 가는 것이다.

고독에서 피어난 황홀함을 즐겨보자.

가을로
넘어가는 시점

더 깊은 고독으로 들어가는 가을은 어디에서도 아름답다.

아침저녁 제법 소슬한 바람이 불어 청명함에 마음마저 하늘을 닮아간다. 여름이 가면 사라지는 것들에 대해 아쉬워하면서 얼마나 이기적이고 탐욕적이었는지에 대해 놀라게 된다.

황량한 들판에 가을이 오면 덧없는 세월의 무상함에 또 한 번 놀란다. 정원 테라스 위 마지막 몇 송이 꽃들 위로 파랑 나비 날아와 열렬히 구혼하는 모습을 본다. 푸르렀던 것들은 모두 창백해지고 어둠 속 산들은 무거워 보인다.

밖에는 아직도 뜨거운 기운이 살아 있는데도 말이다.

아름다운 것들

여름과 가을 사이에 자연의 모든 부드러운 소리들을 받아들이고 있다. 메마르고 묵혔던 감수성들을 되돌아오게 하고 사소하게 벌어지는 작은 일들까지도 귀를 기울이게 만드는 계절이 왔다.

바스락거릴 만큼 말라가는 나뭇잎의 모습이 보이기 시작하면, 황금빛을 띤 작은 거미가 거미줄에 매달린 채 나무에서 살금살금 떨어진다.

햇살 가득한 잔디 위에 엎드린 나의 반려견 채리, 솜털처럼 부드럽게 햇살을 만끽하려 납작하게 몸을 웅크리고 있는 모습이 한가롭다. 사라져가는 영상들이 내 기억 속에서 밝게 나타나며 숨을 쉬게 한다.

　마당 한가운데 고추잠자리 떼가 나무 사이를 돌며 숨바꼭질하던 날, 물장구치던 어린 시절 영상들은 순수한 영혼을 불러들인다.

　많은 잎사귀 위에는 벌써 초가을의 빛깔이 서려 있다.
　머지않아 정원도 텅 비겠지.

5장

쓸쓸함에 대해

아홉 번째 계절
9월

작별을 고하는 듯 밤새 가을비가 내렸다.
세상의 나쁜 모든 것이 비와 함께 싹 쓸려가 버리면 좋겠다는 생각을 했다. 비가 내리는 날에 생각의 유희에 빠지는 것이 이상하게도 만족스러워진다. 구름 낀 날, 파란 연기 하늘로 뭉게뭉게 그리움과 추억이 함께 피어오른다.

갈색 하늘의 부드러운 9번째 계절은, 여름의 태양 빛에 지친 듯 졸음에 취해 비틀거린다. 단순하면서도 평화롭기 그지없는 건강한 농부들의 일손이 분주해지기 시작하는 계절이 왔다.

가을날을 유유자적하게 보내는 행복을 나는 알고 있다.
그냥 한없이 이대로가 좋다.

어느 가을날

이른 아침 눈 뜨자마자 간단한 스트레칭 후 가을 들녘으로 걸어 나간다. 요즘의 가을 들판은 노랗게 익어가는 벼들과 과일이 하루가 다르게 함께 영글어 간다. 벼들의 물결 속을 걷노라면 하늘의 푸르름 속으로 헤엄치듯 흘러가는 하얀 구름을 멍하니 바라보게 된다.

텃밭으로 향하는 동네 어르신들이 떠드는 소리마저도 정겹다. 메뚜기떼 날아들고 개 딸기 넝쿨은 노랑별이 박힌 듯 눈길을 사로잡는다. 아무런 소망 없이 조용히 서서 황금빛 색채들로 가득한 풍경을 바라보고 있다.

계절의 기운을 느끼기에 충분하다.
가을날의 정원에서 소소한 일을 하며 즐겨본다.

욕망에 가득 차 있던 내 마음도 가벼워지게 될 것이다.

무상

여름은 어느덧 가을 속으로 사라진다.
상사화가 무성하게 피어오를 때면 가을 채비를 시작해야 한다.

밤바람에 소슬거리는 대나무 이파리 소리에 가만히 귀 기울여 본다. 그럴 때면 누군가를 동경하고픈 욕망에 마음을 잠시 빼앗긴다.
모든 것이 부드러운 조화로 아름답고 사랑스러운 모습으로 웃어 보자. 만족하지 못하고 욕망에 가득 차 있던 마음도 가벼워지게 될 것이다.
젊은 시절의 방황이 아득히 아롱져 올 때면 가장 아름다운 시절도 언젠가 시들어 감을 느끼게 될 것이다. 우리의 이름도 사라지고 모든 것이 언젠가 사라지리라. 이별을 슬퍼하고 몸을 맡기는 것을 배우게 되리라.

쓸쓸함에 대해

🕐

들판을 거닐며 계절이 미치는 영향에 몸을 맡겨 본다.

조용히 떨어지는 낙엽들,
갈색으로 변하는 산과 들,
짙은 안개,
제 할 일 다 한 듯한
모든 식물의 숭고한 모습을 지켜본다.

잠시 절망적인 슬픔이 밀려온다. 나이 탓인가 싶다. 나무들은 녹색 잎을 지키려 사투를 벌인다. 흘러내리는 가을비 속 세찬 바람 불어 나뭇잎이 쌓여간다.

퇴색한 숲속에 비가 내리고 있다.

노래하는 나뭇가지에는 가을빛이 완연하고 내 빈 잔을 채우기 위해서 얼마나 푸르고 싱싱했던가.

<u>뜨겁게 작열하던 여름도 지나가 버리고,
빗소리에 가만히 귀를 기울인다.</u>

이제는 가을이고 얼마 안 있으면 겨울이 온다. 들판에 마지막 손질이 이어지면 고요함이 덮치고 자연도 겨울잠에 **빠져들** 것이다. 슬픈 마음으로 숲속을 바라보면 나뭇잎 하나둘씩 떨어지는 것을 응시한다. 조용히 옛 술을 즐겨본다.

술향기가 넘쳐 흐른다.

늦여름의 아쉬움

며칠째 구름과 비의 사투가 이어지고 있다.
올해는 늦여름이 계속 이어지고 있어 전혀 끝나지 않을 것 같은 조바심마저 들게 한다.

아침에는 햇볕이 내리쬐고,
정오에는 타는 듯 뜨겁고,
저녁이면 다채롭게 노을이 진다.

먹구름 속 안개 낀 하늘에는 갈기갈기 흩어진 회색과 재색의 구름이 흘러가고 있다. 온통 어지럽게 흘러가던 구름 조각들은 시커멓게 몰아치는 폭풍에 원초적인 언어의 무서운 위력에 몸을 움츠린다.

갈색 구름이 스쳐 가고,
그 사이로 드문드문 빛나는 하늘이 펼쳐지고
햇살이 부챗살 모양으로 내리비친다.

더 깊은 고독으로 들어가는 가을은 어디서나 아름답다.

오늘 같은 날

아침저녁으로 소슬한 바람이 분다. 수풀에서 들리는 풀벌레들의 울음소리가 유난히 깊다. 그래서 가을이 왔음을 실감하게 한다.

청명한 하늘을 바라보고 있노라면 마음마저 하늘을 닮아 구름과 함께 두둥실 떠다닌다. 순수하고 금빛처럼 눈부신 하늘에 대한 이런저런 생각들과 이른 아침 안개와 가을 색을 띤 계절에 대한 생각들은 꿈을 꾸는 듯하다.

파란 하늘은 꾸밈없이 드러나고, 황금빛 들녘이 눈 앞에 펼쳐지고 있다. 텃밭 가지들은 작은 거미들이 쳐 놓은 거미줄로 덮여 있고, 백일홍, 맨드라미, 천일홍, 코스모스 등 꽃들이 여전히 피고 진다. 여름꽃들의 꿈은 완전히 사라지지 않은 듯하다.

나는 이제 고독의 즐거움을 알게 됐다. 깊은 고독의 울림이 존재하기에 글을 쓰고 내면의 속삭임까지 볼 수 있게 되었는지도 모른다.

오늘 같은 날은 오전에는 태양과 안개의 다툼을 바라본다. 이리저리 밀치며 싸우다가 빛이 의기양양하게 나타나는 그 모습을 올려다본다. 소소하지만 일상적인 즐거움이다.

<u>마당 한켠에는 자주색 과꽃들이 풍성하게 피어 있다.
고요하고 맑은 온화한 가을날이다.</u>

가끔은

큰 소나무 아래 섰다.
엷은 미소를 띠며
정원의 꿈이 어떻게 피어나는가를 바라본다.

숲 너머로 갈색 바람이 불어오고 있다.
황금빛 들녘에는 참새 떼가 날아다닌다.

햇살의 반짝임을 바라보며 붉게 달아오를 포도주 한잔을 들고 나는 미소를 짓는다. 사소하게 벌어지는 작은 일들까지도 귀를 기울이고 엿보기도 한다. 자연의 부드러운 소리들을 모두 받아들일 수 있는 감수성이 되돌아왔나 보다.

감각은 늙어가면서 가기를 머뭇거리는 세월의 아쉬움 때문인지, 잠시 잠깐 달아오르는 불꽃에도 감사해하며 추억의 포도주를 마셔 본다.

사라져간 날들의 침묵은 곧 춤사위로 변하기도 한다. 행복했던 그림자들이 새삼 가슴 속에 어른거린다. 내 인생의 태양이 비치던 시절은 떨어져 나가고 없다는 것을 나의 깊은 마음속에서는 알고 있다.
가끔은 사라져가는 황홀함이 가져다준 좀 과분한 기쁨과 즐거움을 생각한다. 보석 같은 가을날 아침, 새벽 운동을 시작으로 뜻밖의 선물처럼 즐기려 한다.

안개 낀 아침은 다시 시작되고 여름꽃들의 꿈은 완전히 사라지지 않은 듯하다.

소박한 소원 하나

깜짝 놀란 영혼 속에서 소박한 소원 하나가 자라고 있다. 나무처럼 시들어 가는 것을 체험하고 그 영혼의 가을에도 기쁨과 고운 빛깔의 색채가 있었으면 하는 소원이 있었다. 아름다움이 일시적이고 갑작스럽게 시들어 버릴 수 있는 것은 너무 잘 알고 있다.

풍요로운 어느 시월의 하루는 황금색으로 빛나고 낙엽들은 이미 검은 갈색으로 변했다. 텃밭에는 김장배추와 무 등 온갖 채소들이 자라고 있다. 마당 한쪽에는 코스모스, 자주색 과꽃들이 소박하면서도 풍성하게 피고 있다.

　가로수길 위에는 단풍나무와 은행나무들 사이로 온화한 시월의 햇살이 내리비치고 있다. 드높은 하늘은 구름 한 점 없이 연한 파란색이다.

　모든 것들이 근심 없이 미소 짓게 만드는 추억으로 다가온다. 그런 날에는 생각에 젖은 눈으로 집 앞 벤치에 앉아 허공을 바라다본다. 슬픈 마음으로 숲속을 바라보면 나뭇잎이 하나 둘…. 조용히 눈을 감아본다. 고요하고 맑은 날이 계속되고 있다.

6장

행복해지는 연습

행복해지는
　　　　　연습

아무 생각 없이 들길로 나가보자. 벌떡 일어나 주섬주섬 옷을 하나씩 입었다. 아침 운동을 위해서 단단히 옷을 입어줘야 했다. 온도가 떨어져 자칫 잘못하면 감기 들 수 있기 때문이다.

간밤에 뽀얗게 내린 서리로 제법 쌀쌀한 날씨가 나의 뺨을 붉게 했다. 모든 것이 영하의 온도에 얼어 있는 상태가 되었다. 황금빛 물결의 들판은 온데간데없이 자취를 감추었다.

<u>인생이란, 시간 앞에 공평하게 주어져 있다.</u>
<u>하루하루가 같은 날은 없다.</u>

어쩌면 바다와 닮았는지도 모른다. 잔잔한 파도, 몰아치는 폭풍우, 성난 파도, 그 위로 나르는 갈매기 떼들….

열두 계절에 따라 형형색색 변하는 바닷물의 색깔처럼 삶도 역시 마찬가지다. 날마다 똑같지가 않다. 날마다 다른 생각, 다른 느낌, 크고 작은 일들, 무거운 가슴 안고 살아가는가 하면 생각지도 못한 어려움과 깊은 상처들 속에서 이해하려 들지 않으니 하루하루가 전쟁 같은 삶의 연속이 될 것이다.

가늠할 수 없는 아픔으로 다 안다고 말하지 말아야 할 것이고, 지금보다 더 괜찮아지기를 바랄 뿐이다. 행복해지는 연습을 할 필요가 있다. 아름답게 늙어가려는 연습이 필요하다. 제 자리를 지킨다는 것은 있는 그대로 받아들이는 것이다.

외로움으로 또 다른 고독을 얻을 수 있을 것이고, 우울한 모습 속에 새로운 날을 계획할 수도 있을 것이다. 다만 너무 외롭지 말자. 스스로 대견해 하자.

나의 여행은
어디로 가고 있는가

<u>내 앞에 잎 새 하나가 뚝 떨어진다. 그리고
추억 속의 젊음이 피어오른다.</u>

나의 여행은 어디로 가고 있는가.
내 청춘 시절 전부가 삶의 기쁨으로 내 안에서 타올랐다.

먹먹한 슬픔을 느끼면서 그 슬픔 자체로도 감미로웠다. 옛 친구들과 옛사람들의 모습이 가을하늘 위로 떠 오른다. 눈부신 황금빛 시월은 내 안에서 또 다른 추억이 된다.

짧은 인생….

놓쳐버린 것에 대한 슬픈 감정들은 공간과 시간이 완전히 해체되어 흘러가는 듯한 느낌과 계속 교차하고 있다. 그리고 내 마음 고요해져 아주 높이 날고 있는 새처럼 평화롭다.

늘상 재촉하던 삶이었다.
그런데 더는 아무 일도 하지 않고 쉬며 시간에 순종하려 한다.
발길 멈추고 서서 계절의 기운을 느껴본다.

인생의 ─────
───── 단비

🕐

　포근하고 온화한 겨울비가 내린다.
　단비다. 어쩜 저리도 예쁘게 내리고 있는지.

　열어놓은 창문 사이로 솔바람을 타고 솔솔, 솔향을 가득 담고 불어온다. 신선하고 쾌청한 바람이다.
　계절답지 않은 날씨 때문인지, 갈증을 호소하던 정원의 화초들은 생기발랄해졌다. 가슴속에 몰래 부푼 욕망일지도 모른다. 이내 마음도 단비처럼 촉촉해져 온다.
　사람은 구속하는 순간 자유를 그리워하게 되어있다. 그래서 말인데 내 인생 절찬리 상영 중인 때가 언제였더라?'

마음속에 풍선 하나가 빵! 터지는 기분이랄까. 내 안에 환하게 전구 하나가 켜져 있는 것 같다.

지금은 내 마음속에 백만 개의 풍선이 날아오르고 있다.
안개 속에 보이던 가로등의 불빛들 사이로….
지금의 단비처럼!
그로 인해 나의 일상은 날마다 휴일 같다.

이제 나는 ──────
────── 사랑을 안다

　계절은 각기 다른 매력을 지니며 어김없이 본연의 모습으로 우리 곁에 다가온다. 우주 만물의 영원한 변화 속에서 죽음을 겸허히 받아들이고 언제라도 환영해야 한다. 모든 죽음의 보상은 새로운 탄생이 따르니까. 11월은 특별한 달이었다.

두 딸을 출가시키고 막내아들 녀석도 장가든 달이라서 남다르다. 그래서 11월은 더욱더 특별하다. 그 아이들 옆에 새 식구들이 다정하게 서 있어서 흐뭇하다.

생각에 잠겨 거울 속에서 청춘 시절의 흔적과 마주한다.
상상의 공간 속에서 창조되는 시간을 갖는다.
빛 속처럼 그 어느 때보다 아름답게 빛나는 달이다.
꿀과 포도주같이 강하고 달콤한 향기를 뿜어대는 계절이기도 한 이 계절은 다른 그 어떤 욕망보다 강렬하다.

메마른 그림자는 지쳤는지 멈추고 서 있다.
먼 길을 끝까지 가야하며 화려한 세계로 이끌었던 꿈을 향한 아우성은 계속되고 있다. 그래서 힘든 아이들과 새 식구들을 안아주고 싶다.

내 온기로 녹을 수 있게 따스하게 품어주고 싶다.
아무 말 하지 않아도,
이제 나는 사랑을 안다.

영원한 것은 없다

　가로수 잎들이 하나씩 떨어져 나간다. 가벼워진 낙엽을 바람이 어디론가 쓸어가 버린다. 폭풍이 소리치며 다가와 강한 힘으로 안개마저 쓸어낸다. 그 안개는 불안과 근심을 쓸어간다.

　아, 늦가을의 밤하늘에는 이미 어두워지고 낮게 드리운 구름도 반짝 빛났다가도 이내 사라졌다. 만족하지 못하고 항상 욕망에 가득 차 있던 내 마음도 곧 바람이, 안개가 데려갈 때까지 참으며 가만히 기다려보련다.

　영원한 것은 없다.
　뜨겁게 요동치던 방랑벽은 서서히 가라앉기 시작했다.
　강한 향수마저 끌어당기기 시작했다.

이제 꿈꾸듯 검은 밤의 세계를 지나 반쯤 깨인 생각들이 계속 이어지는 시간이다. 삶의 내면에 이르기 위해 탄식과 작별한다. 바람이 먼 곳에서 노래하며 불어올 때면 미소짓는다.

그만 됐다.
이 정도면 충분하다.

밝고 알차게 ──────
　　　────── 웃는다

잿빛의 숲속을 바람이 휘저을 때면 마을은 차갑게 떨고 있다.
내일 해가 뜨는 것을 잘 알기에 밤은 고독하지가 않다.
그래서 그 밤을 물리치고 싶지 않았다.

혼자 걷는 산책 길은 무겁고 절망적인 슬픈 생각 속으로 빠져들게
한다. 하지만 포근했던 추억들과 계절의 흐름을 끌어당겨 즐거웠던
기억과 아름다운 것들을 소환하기도 한다.

기쁨과 삶의 즐거움 그리고 풍성함이 매혹적이다.

무르익음과 수확의 향기인 듯 맛좋은 과일즙 냄새로 가득 채워져 간다. 포플러나무 꼭대기에는 아직도 황금빛 잎사귀들이 흩날리고, 숲속 언저리 축축한 적갈색으로 알밤들이 툭툭 터지면서 환하게 웃는다.

<u>밝고 알차게 웃는다.</u>
<u>나도 함께 웃는다.</u>

인생 후반부의 썰매가

꿈속에서 본 영상들이 뇌리를 둘러싸고 있다. 얼마 동안 생각에 잠긴 채 뒤척인다. 간밤에 내린 첫눈에 벌떡 몸을 일으켜 창가에 기대어 본다. 창밖을 하염없이 바라보노라면 어린 시절의 향수에 취한다.

창문 앞은 잿빛에 눈송이가 날린다. 바람 불어 눈이 흩날릴 때면 아무 책이라도 읽고 아무 문장이라도 써보고 그냥 아무 사색이라도 해 본다. 잃어버린 많은 것들에 대한 추억과 그리움은 아직도 사랑스러운 색채를 띠고 매력적인 모습으로 다가온다.

　사랑의 불꽃 속에서 오래 빛날 때까지 몽상에 사로잡힌 내 영혼은 파릇파릇 수줍으면서도 열렬하게 피어나고 있는 듯하다. 정원의 소나무에는 까마귀 울음소리, 나약한 울부짖음이 고통스러우면서도 소리 없이 흘러내린다. 어쩌면 저기, 모든 세상과 동떨어진 달빛 속에는 나한테는 없는 달콤한 행복과 망각의 샘이 있을 것이다. 눈 섞인 바람이 예리하게 앞장서서 나를 막고 빠르게 달려나간다.

　인생 후반부의 썰매가 달그락거린다.

애써 슬픈 미소를 짓고 있다

온화한 날씨가 이어지더니 후드득후드득 비가 내린다. 떨어지는 빗소리를 들으며, 내 숨소리와 함께 나직한 심장 소리까지 듣는다. 인내와 무관심은 빗소리에 화들짝 달아나고, 얼어붙은 호수처럼 일상이 차갑게 느껴진다. 모든 일상이 아픔이고 수치이면서 인생이고 생각이고 의식이다.

정체성에 대한 의식이 겨울비에 깨어나고 있다.
당당히 눈을 뜨고 믿기지 않는 일들에 대해
영상 하나씩 넘기며 고개를 끄덕인다.

'그래 그게 나였어' 주제넘고 헛된 생각으로 가득 찬 잿빛 겨울날이다. 철새들의 요란한 울음소리에 마비되었던 시간이 순식간에 깨어난다. 비웃듯이 눈을 찌푸리며 빛을 좀 더 아끼기도 한다.

조용히 가야 할 걸음은 무겁고 밤이 다가오려 한다.
바스락거림에 귀 기울여 보며
서릿발처럼 차가운 길 위에 홀로 서 있다.

마당 한쪽에 우두커니 정자만이 애써 슬픈 미소를 짓고 있다.
모조 장신구처럼 온기가 없다.

정체성에 대한 의식이 겨울비에 깨어나고 있다.

오늘 같은 날

펴낸날 _ 2024년 1월 30일
지은이 _ 한점선
펴낸이 _ 이영옥
펴낸곳 _ 도서출판 이든북
신고번호 _ 제2001-000003호
주   소 _ (34625) 대전광역시 동구 중앙로193번길 73
대표전화 _ 042-222-2536
팩시밀리 _ 042-222-2530
휴대전화 _ 010-6502-4586
전자우편 _ eden-book@daum.net

공 급 처 _ 한국출판협동조합
주문전화 _ (02)716-5616
팩시밀리 _ (031)944-8234~6

ⓒ한점선, 2024
ISBN 979-11-6701-276-0
값 15,000원

* 잘못된 책은 교환해 드립니다.
* 이 책 내용과 사진 전부 또는 일부를 재사용하려면 반드시 지은이와 이든북 양측의 동의를 받아야 합니다.
* 무단 전재 및 복사 배포를 금합니다.